百年百大考古发现

考古是人民的事业！

北京周口店遗址

旧石器时期

地址：北京市房山区周口店镇龙骨山

年代：距今 70 万—3 万年

发掘时间：1927 年

主要出土文物："北京人"头盖骨化石、用火遗迹、石器、动物化石等

从 70 万至 20 万年前的"北京人"，到 20 万至 10 万年前的第四地点早期智人，再到约 4.2 万至 3.85 万年前的田园洞人，以及 3 万年前左右的山顶洞人，几代古人类都在这里留下了生活的痕迹。这是世界上最有价值的旧石器时代古人类遗址，为探寻人类起源提供了关键线索。

在这里发现的用火痕迹，将人类用火的历史追溯到至今四五十万年前，是人类进化史上一座意义非凡的"里程碑"。这里的每一块石头、每一撮土壤，都见证了人类成长的奇迹！

● 周口店遗址

美国学者莫维斯（Movius）在 1949 年曾这样描绘周口店"北京人"的用火场景：

> "用火是他每日生活的常项。
> 他以紫荆的枝条作为燃料，
> 在开放的火塘上烧烤出肉香。
> 火将温暖带进当时尚存的洞穴，
> 使夜晚凶猛的野兽不做非分之想。
> 对于他来说，
> 火是珍贵的资产，无边的力量！"

● 1927 年北京周口店遗址发掘第一地点

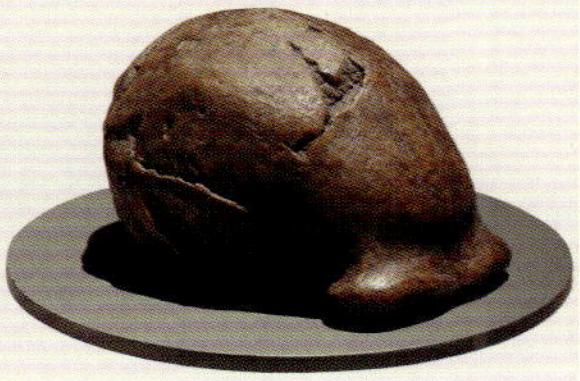

● 1929 年发现的第一颗"北京人"头盖骨化石（模型）

● 灰烬

河北阳原泥河湾遗址群

旧石器时期

地址：河北省阳原县阳原盆地泥河湾层分布区
年代：早更新世中期至晚更新世末期
发掘时间：1965 年
主要出土文物：大量石制品、动物化石

阳原泥河湾遗址群是华北地区最重要的旧石器时代遗址。自 1921 年发现以来，已发现早更新世中期至晚更新世末期的遗址三百余处，记录了东亚近 200 万年的连续演化历史，特别是近 30 年的研究，揭示了马圈沟、小长梁、东谷坨、许家窑—侯家窑、虎头梁等数百个古人类活动遗址，被称为“东方人类的故乡”。这些遗址数量多、分布集中，涵盖了距今 170 多万年至 1 万年间的文化序列，古人类出现的关键阶段都有重要遗存发现。许家窑——侯家窑出土了二十件化石；于家沟则展示了旧石器人类向新石器时代的过渡，遗存包括石制品、骨制品、装饰品和陶片等。

●泥河湾雕像

●泥河湾遗址挖掘剖面

●石制品

●石矛头（距今 11 000 年）

山西襄汾丁村遗址

旧石器时期

地址：山西省临汾市襄汾县县城以南约 4 千米

年代：距今 50 万—2 万多年

发掘时间：1954 年

主要出土文物：“丁村人”牙齿化石

丁村遗址是新中国成立以后，在北京周口店以外地区发现的首个大型旧石器时代遗址，也是我国正式发掘的第一个露天旧石器遗址，是我国旧石器时代中期的典型代表。自 1954 年以来，遗址中发掘出数量丰富的石制品、动物化石、古人类化石等，并发现地震裂缝、石器制造场等遗迹现象。在 60 余年的发掘中，这里发现了介于“北京人”和现代人之间的“丁村人”的痕迹，包括人类牙齿化石、头顶骨化石和头枕骨化石。三次人骨化石的现世，填补了中国历史上早期智人和旧石器时代中期文化的空白，印证了中华民族血脉同源。作为中国人第一次独立主持发掘研究的旧石器遗址，丁村遗址对于构建中国旧石器文化的发展序列起到了关键作用。

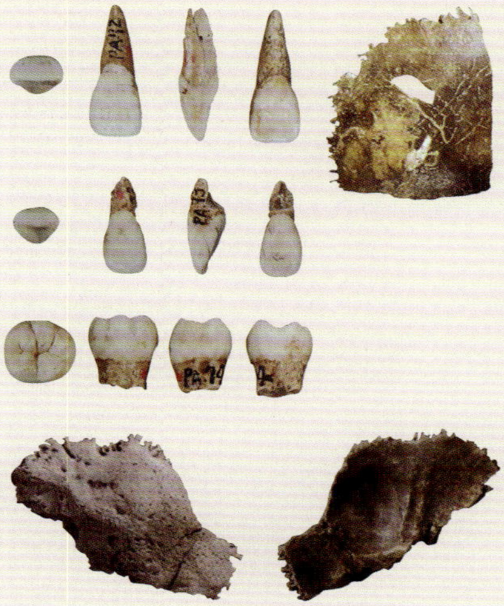

●人类化石

●丁村遗址发掘现场

●丁村遗址发现的石制品

辽宁营口金牛山遗址

旧石器时期

地址：辽宁省营口市大石桥市永安镇西田村村西金牛山
年代：距今 20 多万年
发掘时间：1974 年
主要出土文物："金牛山人"化石

辽宁营口金牛山遗址是东北地区最早的古人类居住遗址。1984 年，金牛山遗址中发现一具较完整的人骨化石，包括头骨、脊椎、尺骨、髋骨、腕骨、足骨和趾骨等五十余件,因其材料完整世所罕见,被列入 1984 年世界十大科技进展项目之一。此外，遗址中还发现了丰富的哺乳动物化石、人类使用的打制石器、人类居住面和用火遗迹。金牛山遗址发现的古人类化石以及丰富的旧石器文化遗存，为探讨早期人类适应东亚大陆北部地区更新世环境，以及不断发展演化的历史进程提供了非常重要的新证据，为我们开启了认识中更新世晚期东亚地区古人类与旧石器文化发展历程及其区域性特点等课题的非常重要的新窗口。

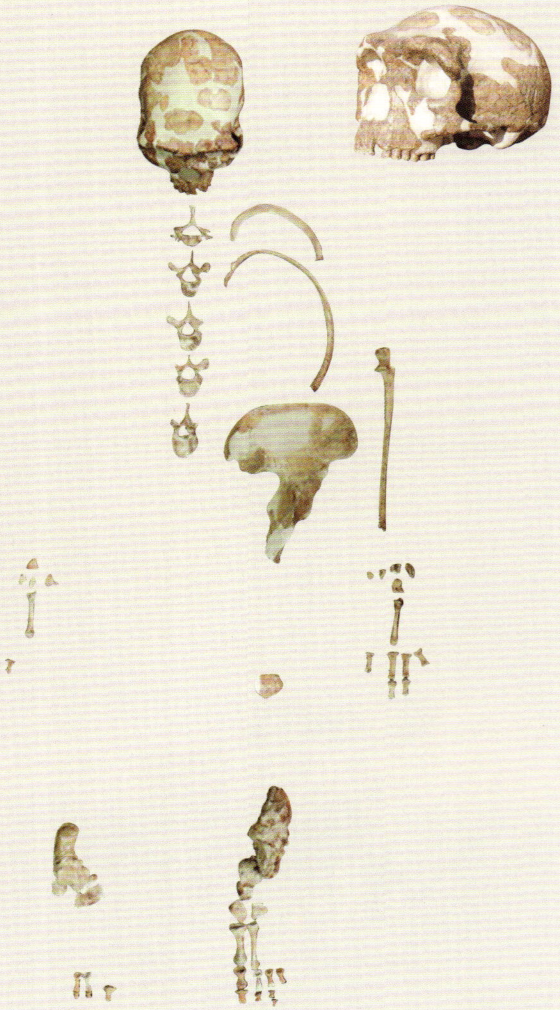

● "金牛山人"化石

宁夏灵武水洞沟遗址

地址：宁夏回族自治区灵武市

年代：距今约4万年

发掘时间：1923年

主要出土文物：石器与动物化石

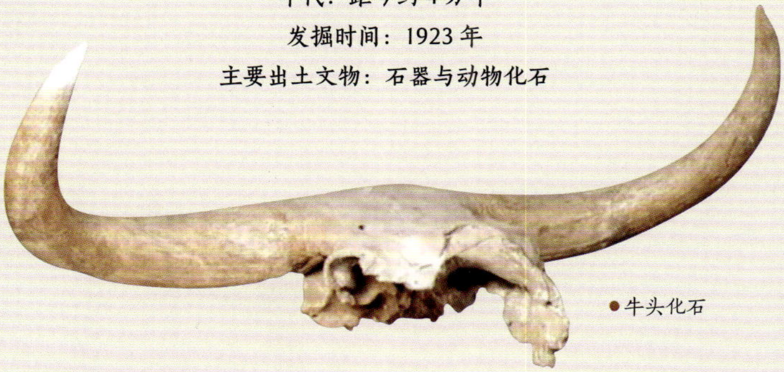

●牛头化石

4万年前的水洞沟水草丰茂，吸引了一批古人类在此繁衍生息。他们运用石器、磨制骨针等工具获取食物、缝制衣裳。沧海桑田，岁月流转。20世纪20年代以来，水洞沟已出土三万多件石器和六十七件古动物化石，一件件简陋粗糙的石器、化石，构成了破译世界旧石器时代文明发祥密码的钥匙。

水洞沟遗址是中国旧石器时代考古的发祥地，不仅标志着我国旧石器时代文化研究的开端，也是我国旧石器时代最有代表性的遗址之一。大量古人类活动遗存带有西方旧石器时代晚期的技术特点，证实水洞沟是早期现代人在东亚迁徙、扩散和技术交流的驻足地，由此揭示了远古时代东西方人群迁徙和文化交流的可能性，对现代人起源与扩散研究具有重要意义。

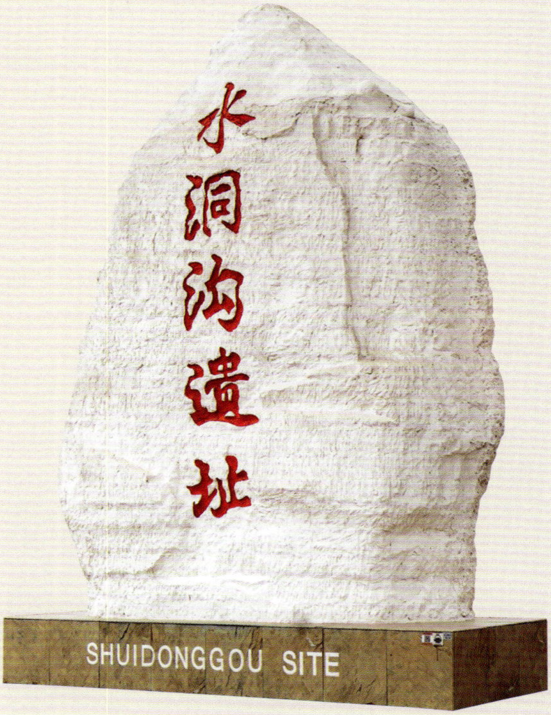

●水洞沟遗址

河北武安磁山遗址

新石器时期

地址：河北省武安市磁山镇二街村
年代：距今约 8 000 年
发掘时间：1976 年
主要出土文物：陶器、鸡骨化石、石磨盘、石磨棒

炭化粟

粟谷的发祥地、黍的起源地、核桃的“最早栽培地”、鸡的“最早养殖地”、陶器的“最早制作地”……磁山遗址的发现，印证了中国作为农业大国的悠久历史，将我国新石器时代遗存的年代上溯至距今约 8 000 年前，填补了我国新石器时代早期研究的空白。

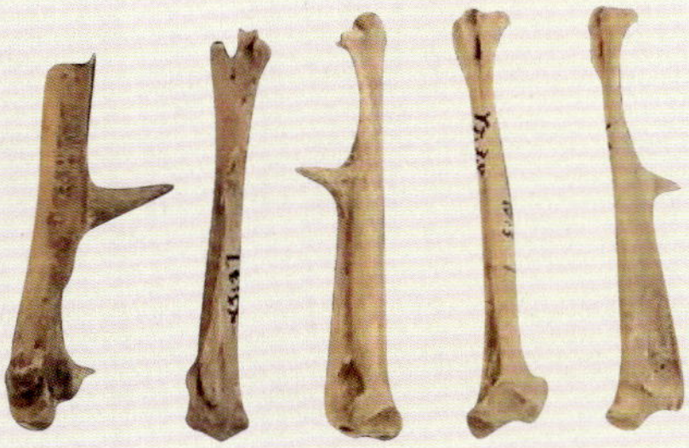

动物遗骸

磁山遗址代表的“磁山文化”是第一处以河北地名命名的考古学文化。磁山遗址中已出土陶器、石器、骨蚌器等文物五千余件，并发现房基、灰坑及成批的储粮窖穴遗迹，其中出土的陶器和粮食、家鸡等动植物标本改写了中国乃至世界农业史的年代：大量素面陶器的发现改变了“彩色陶器”和“单色陶器”的文化面貌，证明在“仰韶文化”和“龙山文化”之前，中国还存在一支文明；粟、黍和大量家鸡、家猪、家犬骨骼则证明当时的先民已告别了茹毛饮血的时代，他们人工栽培粟、黍作物并开始驯化家禽，奠定了早期中华文明的历史基础。

磁山遗址考古现场

陶盂

山西夏县西阴村遗址

地址：山西省运城市夏县尉郭乡西阴村
年代：距今 5 900—5 500 年
发掘时间：1926 年
主要出土文物：半个人工切割的蚕茧标本

●西阴村发掘现场

“这个发现替我们辟了一条关于在中国北部史前研究的新途径。中国有历史就有关于蚕业的记载；它是中国文化的一个指数。”

——李济

西阴村遗址是中国学者独立主持发掘的第一个遗址，体现了中国考古学在当时所能达到的最高成就。不仅是空间层面的文化地理坐标，更是新时代考古工作者的精神灯塔，它使李济获得了“中国考古学之父”的赞誉，培养出了后来成为“中国考古层位学的里程碑之作”之一的梁思永。西阴村遗址中发现了大量与仰韶村同期的彩陶，因其构图均衡洗练，图与器结合恰贴，时空特征非常明确，被李济命名为“西阴纹”。此外，还出土了半个经切割的丝质蚕茧，是研究中国养蚕起源与丝绸史的重要实证。

●浅腹盆

●蚕茧

●陶寺遗址发掘现场

●陶寺遗址博物馆

山西襄汾陶寺遗址

新石器时期

地址：山西省襄汾县陶寺村南
年代：距今 4 300—3 900 年
发掘时间：1978 年
主要出土文物：彩绘龙盘、朱书扁壶、土鼓、鼍鼓

规模庞大的城址、气势不凡的宫殿类基址、多处大型墓地……作为中国史前“都城要素最完备”的城址，陶寺遗址向后人展示了中国早期国家都城的盛大气象，这是中国夏、商、周三代辉煌文明的主要源头，也是实证中华 5 000 多年文明的重要支点。

经过 40 余年的考古挖掘，陶寺遗址面积已超 400 万平方米。遗址由宫城和宫殿群核心区、下层贵族居住区、仓储区、宗教祭祀区、手工业作坊区和普通居住区组成。宫城卫君、郭城卫民的“双城制”规划格局说明这处 4 000 多年前的聚落已呈现早期国家特征。陶寺遗址还发现了世界上最早的观象台遗址，出土了龙盘、文字扁壶、鼍鼓、石磬、玉兽面以及中国最早的“铜器群”，表明陶寺文化时期已经出现礼制雏形。

●陶寺朱书扁壶

●陶寺蟠龙纹陶盘

内蒙古敖汉旗兴隆洼遗址

地址：内蒙古自治区敖汉旗宝国吐乡兴隆洼村

年代：距今约 8 200—8 000 年

发掘时间：1983 年

主要出土文物：玉玦

一片足球场大小的土地上，分布着十一排、九十四座半地穴式房址，整体布局规整有序，还环绕了一道近似圆形的壕沟，并在西北侧留有出入口，简直就是一个秩序井然的村落，这就是国内第一个全部揭露出房址、灰坑、环壕等生活遗迹的史前聚落——兴隆洼遗址。

兴隆洼遗址的村落是统一营建而成，堪称中国 8 000 年前建筑史上的经典篇章。遗址出土了大量玉器，包括成对的环状玉玦、匕形器等典型器类，是中国目前所知年代最早的真玉器，将我国雕琢、使用玉器的年代上溯至距今 8 000 年前后的新石器时代中期，对于研究东亚玉文化的起源与发展具有重要意义。遗址中还发现了大量粟黍标本，说明当时已经形成以种植粟、黍为主的旱作农业系统，敖汉也成为世界范围内小米的独立起源地之一。

● 玉人面

● 兴隆洼遗迹

辽宁朝阳牛河梁遗址

新石器时期

地址：辽宁省朝阳市下辖的凌源市及建平县境内
年代：距今 5 800—5 200 年
发掘时间：1983 年
主要出土文物：女神像、玉人、玉猪龙

●牛河梁女神庙遗迹

●牛河梁遗址博物馆

在松林环绕的山丘上，以女神庙为中心、祭坛和积石冢环绕四周的牛河梁遗址，是一处独立于居住地之外的规模宏大的史前墓葬和宗教祭祀场所。5 000 多年前，红山先民在此祭祀祖先和天地；5 000 多年后，这些遗迹成为中国迄今年代最早、保存最完整的，集坛、庙、冢于一体的大型祭祀遗址。遗址中出土的女神像被视为红山人的女祖、中华民族的共祖，玉猪龙则成为中华民族早期龙图腾崇拜的直接印证。作为目前经过系统发掘且有完整报告出版的规模最大的红山文化遗址，牛河梁遗址为中华 5 000 年文明史的确立提供了关键证据。

“牛河梁红山文化坛、庙、冢三种遗址的发现，代表了我国北方地区史前文化发展的最高水平，从这里我们看到了中华 5 000 年文明的曙光。”

——考古学泰斗苏秉琦

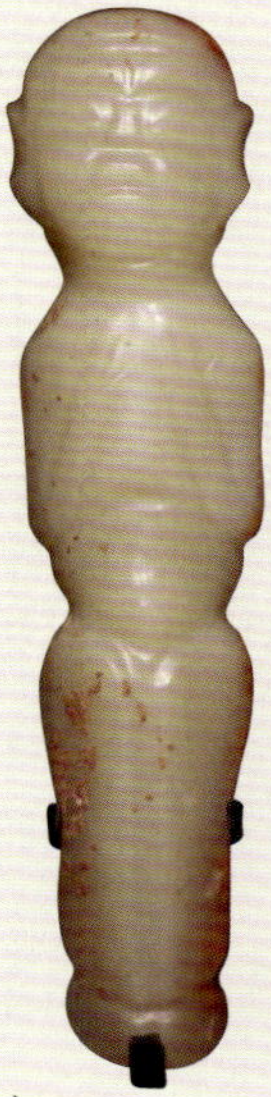

●玉人

上海青浦崧泽遗址

新石器时期

地址：上海市青浦区崧泽村
年代：距今 5 800—5 300 年
发掘时间：1960 年
主要出土文物：双耳宽檐陶釜、玉璜

崧泽遗址是上海最早进行大型科学考古发掘的古文化遗址之一，被称为上海远古文化的发源地，它的发现将上海的历史前推至 6 000 年以前。遗址中发现了“上海第一人”“上海第一房”“第一锅肉”“中国最早的水井”“最早的粳、籼两种栽培稻”等，为了解上海的源头和历史传承提供了珍贵材料。

● 1974 年崧泽遗址考古发掘现场

●陶鼎

●陶壶

河港交错、农田棋布的青浦滋养了一方水土，见证了上海这片土地上古代先民的生产和生活场景。崧泽遗址自下至上堆积了 6 000 多年前的马家浜文化、5 000 多年前的崧泽文化、4 000 多年前的良渚文化和零星的西周春秋时期的遗存。1979 年，根据崧泽遗址的考古发现，考古学家提出了“崧泽文化”的概念，这是上海地区用本地地名命名的第一个新石器时代考古学文化，它填补了马家浜文化和良渚文化之间的缺环，为良渚文明达到中国史前文明的一个高峰奠定了良好的基础。

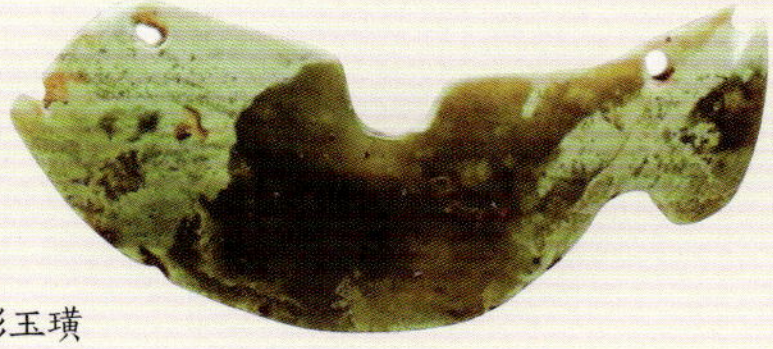

●鱼乌形玉璜

浙江浦江上山遗址

新石器时期

地址：浙江省金华市浦江县黄宅镇
年代：距今 11 000—8 600 年
发掘时间：2001 年
主要出土文物：炭化稻米

上山遗址是中国长江下游及东南沿海地区迄今发现的年代最早的新石器时代遗址。遗址中出土了以大口盆、平底盘、双耳罐为典型代表的陶器群，代表了一种新发现的、更为原始的新石器时代文化类型，因而在 2006 年被命名为“上山文化”。上山遗址出土的夹炭陶片的表面发现了较多稻壳印痕，遗址还出土了 1 万年前的稻米遗存，这是长江下游地区迄今发现的最早的稻作遗存，为稻作农业起源研究提供了珍贵资料。陶器、水稻和大量石磨盘、石磨棒的出现，意味着上山先民早在约 1 万年前便走出山地洞穴，在河谷旷野实现农业定居并获得成功，这证实了中国是世界稻作农业的起源地之一，代表着长江下游及东南沿海地区早期新石器时代文化探索的重大突破。

● 炭化稻米

● 大口盆

浙江余姚河姆渡遗址

地址：浙江省余姚市河姆渡镇河姆渡村

年代：距今 7 000—5 000 年

发掘时间：1973 年

主要出土文物：双鸟朝阳纹牙雕、木胎朱漆碗、陶灶

“光耀七千年，惊世五十载”。形成于 7 000 余年前的河姆渡遗址为重建中国南方地区新石器时代历史打开了一扇清晰的窗口，证明长江流域与黄河流域一样，是中华远古文化的主要发祥地，是中国考古史上具有里程碑意义的空前发现。

双鸟朝阳纹牙雕

在 50 余年的发掘过程中，河姆渡遗址出土了六千七百余件文物，包括大量人工栽培的水稻、大片的木构建筑遗迹和丰富的动植物遗存。由于遗址地下文化堆积大多处在海平面上下的埋藏深度，为有机质遗存创造了非常有利的保存环境，因此这些遗存都呈现出鲜活的色泽和完好的形态。木构件的榫卯结构、陶器和骨面上的花纹、粮仓中的稻谷颗粒都清晰可见，为研究农业、畜牧、建筑、编织、艺术和中国文明的起源、发展进程提供了极其珍贵的实物资料。

余姚河姆渡文化遗址博物馆内复原的建筑场景和生活氛围

龟形刻纹陶盉

浙江余杭良渚遗址

新石器时期

地址：浙江省杭州市余杭区瓶窑镇、良渚镇
年代：距今 5 300—4 300 年
发掘时间：1936 年
主要出土文物：玉琮、玉钺、玉璧

● 良渚古城沙盘模型

良渚遗址是同时期东亚地区规模最大的都邑性遗址，其规模宏大、要素齐全，被誉为中华第一城和东亚最早的国家社会。在近百年的考古历程中，良渚遗址先后发现不同阶段的良渚文化房址、成排分布的房屋台基、排水系统、神庙建筑基址、炭化稻谷堆积等遗迹，并发掘出土一万多件玉器、石器、骨器等古代遗存。如果说良渚古城遗址是人类早期城市文明的范例，那么，以玉文化为代表的良渚文明则是中华文明的源头之一，是实证中华文明 5 000 年的“圣地”。

● 反山王陵 20 号墓出土情况复原

玉琮王上的“神人兽面像”

玉琮王

神人兽面纹玉三叉形器及其配套的玉管

玉钺王

2019 年，良渚古城遗址被列入《世界遗产名录》，填补了我国无新石器时代和早期文明时代世界文化遗产的缺憾。联合国教科文组织如此评价良渚遗址的重要性：“良渚古城遗址作为良渚文化的权力与信仰中心，见证了中国新石器时代晚期长江下游地区一个早期区域性国家的产生。这个国家以水稻农业为经济基础，具有分阶层的社会和统一的信仰体系。”

安徽含山凌家滩遗址

新石器时期

地址：安徽省马鞍山市含山县铜闸镇凌家滩村
年代：距今 5 800—5 300 年
发掘时间：1987 年
主要出土文物：玉人、玉鹰、玉龟

凌家滩是巢湖流域迄今发现的面积最大、保持最完整的新石器时代聚落遗址。自 1987 年首次发掘至今，历经十四次发掘，凌家滩遗址先后发现大量大型祭坛、数十座墓葬，出土精美玉礼器、石器、陶器等珍贵文物三千多件。

2013 年石头圩发掘区全景

玉鹰

凌家滩与良渚、红山并称为“中国史前三大玉文化中心”，是中国史前制玉的第一个高峰。遗址中比较有代表性的玉器有人、龟、版、鹰、龙、猪等，这些玉石器制造已出现切割、琢磨、钻孔、抛光等一整套技术，基本具备了后世玉器制造的绝大多数技术。遗址中还发现了炭化水稻、陶纺轮、家猪骨骼等，说明凌家滩先民已经掌握了水稻栽种技术，并饲养和捕食猪、鹿等。凌家滩遗址同时也是同时期长江中下游地区最大的超大型聚落，是探索多元一体中华文明起源和形成的重要节点。

玉版

福建闽侯昙石山遗址

地址：福建省福州市闽侯县昙石村

年代：距今 5 000—3 000 年

发掘时间：1954 年

主要出土文物：陶釜、陶灯

昙石山遗址是中华人民共和国成立后福建省发现最早、开展研究最多、积累资料最丰富的史前人类文化遗址。遗址发掘面积达2 000余平方米，先后发现了壕沟、灰坑、祭祀坑、陶窑、灶、柱洞等大批生产和生活遗迹，还发现了两百多座墓葬，出土了石器、骨器、角器、牙器、贝器、陶器、玉器和原始瓷器等文化遗存，具有鲜明的海洋文化特色。昙石山遗址的发现让福建文明史向前推进了2 000余年。同时，昙石山遗址在堆积特点、先民生业形态、生产工具和生活用器的特点、动物化石等方面都与中国台湾新石器时代遗址存在共性，这表明闽台两岸的交流源远流长，对闽台史前文化渊源及南岛语族的起源与扩散等课题研究，具有重要的价值和意义。

陶灯

陶釜

第六次考古发掘现场

江西万年仙人洞、吊桶环遗址

新石器时期

地址：江西省万年县大源镇
年代：距今约 20 000—9 000 年
发掘时间：1962 年
主要出土文物：人工栽培稻植硅石、夹粗砂条纹陶、绳纹陶、石磨盘

江西万年仙人洞和吊桶环遗址先后发掘出人工制品陶器、石器、骨器、蚌器、烧火堆，以及人头骨、股骨、大量动物骨骼、灰坑等，是目前所见中国旧石器时代末期向新石器时代早期过渡地层关系最为清晰的地点，揭示了人类由旧石器时代末期向新石器时代早期过渡的重要历史历程。

遗址考古现场

万年仙人洞和吊桶环遗址相距数百米，洞穴的构造使它们成为远古人类避雨御寒的天然栖息之所，是人类“以穴为居”的重要见证。遗址中发现了 1 万多年前的陶器和栽培稻植硅体，也是我国发现最早的陶器和野生稻痕迹，说明当时正处于从旧石器时代过渡到以原始农业和畜牧业生产经济为主的新石器时代的关键时期，也即人类历史上的第一次革命——“新石器革命”。

石磨盘

陶罐

山东泰安大汶口遗址

地址：山东省泰安市和宁阳县交界处

年代：距今 6 100—4 600 年

发掘时间：1959 年

主要出土文物：红陶兽形壶、白陶鬶

大汶口遗址是黄河下游新石器时代晚期的大型聚落。1959 年，大汶口遗址首次发掘便出土了大量与中原仰韶文化面貌不同的随葬器物，随后的考古发掘证明此处是一支有独立来源的文化，从而打破了黄河流域新石器时代仅有仰韶、龙山两支考古学文化的认识，刷新了学界对中国史前文化格局的认识。

八角星纹彩陶豆

大汶口遗址内共发现墓葬、房址、陶窑等遗迹一百余处，出土了大量石器、陶器、玉器、骨器和牙角器等生产生活用具，还有背壶、钵型鼎、镂孔豆、高柄杯、彩陶豆以及磨制精细的石斧、石锛、石铲、石凿、骨器等器物。大汶口先民的制陶业相当发达，其特点是造型多样、纹饰繁复、工艺精湛，将实用性与艺术性巧妙结合，是史前东方文明的杰出代表。

红陶兽形壶

大汶口发掘现场

大汶口遗址博物馆

山东章丘城子崖遗址

新石器时期

地址：山东省济南市章丘区
年代：距今 4 500—4 000 年
发掘时间：1930 年
主要出土文物：蛋壳黑陶、陶鬶

城子崖遗址是龙山文化的发现地和命名地，龙山文化是继仰韶文化之后中国新石器考古最为重大的发现，有力反驳了当时盛极一时的中国文化“西来说”。

黑陶是遗址中最具代表性的文化遗存，城子崖出土的蛋壳黑陶一般器壁不到 5 毫米厚，口沿最薄处 0.3 毫米，是中国制陶史上的巅峰之作。此外，城子崖遗址发现了方形的城址和三面较规整的城墙，城址内有房基、水井、窑穴等遗迹，具备早期城市的雏形。遗址中出土了陶器、石器、蚌器和少量铜器，其中既有鼎、鬲、盆、杯等生活用品，也有象征权力的玉钺和石钺，说明遗址在当时已经成为一个权力、经济、文化中心，具备早期方国的特征。

●白陶鬶

●磨光黑陶圈足盘

河南舞阳贾湖遗址

地址：河南省舞阳县北舞渡镇贾湖村

年代：距今 9 000—7 500 年

发掘时间：1983 年

主要出土文物：骨笛、刻符龟甲

● 贾湖遗址出土的刻符龟甲，右下角有个人工刻划的凿刻符号，类似人类眼睛的形状

贾湖遗址是一处规模较大、保存完整、文化积淀极为丰厚的新石器时代中期重要的代表性遗址。作为淮河流域迄今所知年代最早的新石器文化遗存，它提供了连接黄河中游至长江中游之间新石器文化关系的一个连接点，是了解新石器时代人类生活状态、发展模式的重要窗口。

贾湖遗址分为早、中、晚三期，发现了大量房址、陶窑、灰坑和墓葬，出土了大量刻符龟甲、骨器、陶器、石器和动植物骨骸。其中最具代表性的是迄今为止最早的七声音阶乐器——骨笛，这不仅说明贾湖先民享受着丰富的文化生活，也证明东亚艺术具有悠久辉煌的历史。遗址中还出土了大量刻符龟甲，为探索中国文字的起源提供了实物资料。

● H50号墓出土的成组龟甲

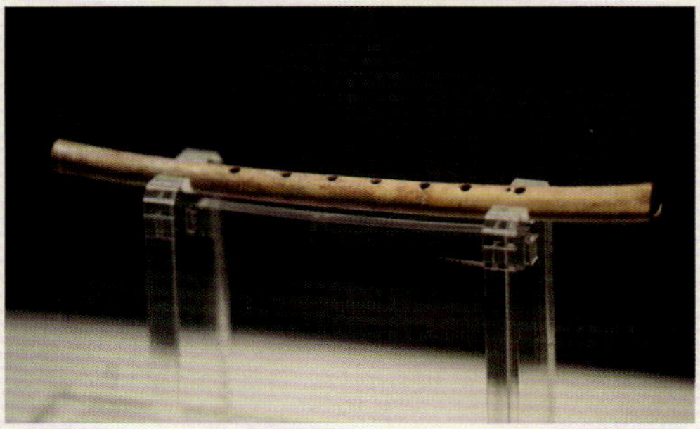

● 贾湖遗址 M282：20号骨笛

● 贾湖遗址出土的其他骨笛

河南新郑裴李岗遗址

新石器时期

地址：河南省郑州市新郑市新村镇裴李岗村
年代：距今约 8 000 年
发掘时间：1977 年
主要出土文物：乳钉纹陶鼎、小口尖底瓶

裴李岗遗址是中原地区的核心文化代表，其发现正式确立了新石器时代中期的概念，并且拓展了仰韶文化的来源，填补了仰韶文化前期中国新石器时代早期的一段空白，被誉为中华农耕文明起源地。

裴李岗遗址考古现场

裴李岗遗址发现了墓葬、陶窑、灰坑和窖穴等遗迹，并出土了小口双耳壶、三足壶、三足钵、深腹罐、鼎、碗、钵、石铲、石镰、石磨盘、石磨棒以及绿松石、石珠、骨笄等文物，还发现了猪、羊、鹿等动物骨骼，以及梅核、酸枣核、核桃壳等植物果核。农业生产工具及家畜骨骼的出现，说明 8 000 年前裴李岗先民们已经开始种植大米、小米，并且掌握了酿酒技术，过着较为稳定的定居生活，这对于探索我国农业、畜牧业和陶器制作起源等具有重要作用。

小口尖底瓶

乳钉纹红陶鼎

河南渑池仰韶村遗址

新石器时期

地址：河南省三门峡市渑池县仰韶镇
年代：距今 7 000—5 000 年
发掘时间：1921 年
主要出土文物：小口尖底红陶瓶，灰褐夹砂陶鼎

1921 年，仰韶村遗址的发掘标志着中国现代考古学的诞生，遗址发现并命名了中国第一支考古学文化——仰韶文化。仰韶文化以农耕为主，以黄河中游为中心，北到长城沿线及河套地区，南达江汉，东至豫东一带，西到甘、青接壤地带，是中国新石器时代分布范围最广的一种考古学文化，仰韶遗址也被誉为“中国考古圣地”。

仰韶遗址面积约 30 万平方米，目前已发现房址、壕沟、墓葬、灰坑葬、窖穴、灰坑、灰沟、道路、柱洞等遗存，同时发现了鼎、鬲、盆、豆、罐、钵、尖底瓶等陶器和斧、刀、镞等石器。彩陶是仰韶文化的重要代表，线条流畅、图案绚丽，标志着新石器时代的陶艺巅峰。

小口尖底红陶瓶

仰韶文化博物馆

陶钵

河南三门峡庙底沟遗址

新石器时期

地址：河南省三门峡市湖滨区陕州古城南
年代：距今 6 000—4 800 年
发掘时间：1956 年
主要出土文物：卷缘曲腹盆、曲腹钵、敛口瓮、花瓣纹彩陶钵

庙底沟遗址位于黄河峡谷之中，优越的地理环境催生了璀璨的庙底沟文化，这是仰韶文化鼎盛时期的重要代表。庙底沟遗址发现了壕沟、居住区、灰坑、陶窑等遗存，出土了砍斫器、刮削器、石刀、石铲等制作工具和数量丰富的彩陶，说明当时已经形成了区域中心聚落，并发展出以“花瓣纹”为典型代表的彩陶文化。庙底沟彩陶不仅奠定了中国史前艺术发展的基础，也是史前艺术发展的一个顶峰。庙底沟彩陶上花瓣纹、几何纹随后播散至大半个中国，开创了一个灿烂的彩陶时代，也使得中原地区逐步崛起为中华文明的中心。有学者据此认为花瓣纹之“花”便是中华之“华”的来源。

“庙底沟类型的影响力持续了 1 000 多年，并与其他文化相互作用形成文化网，它们便是最初的中国。”

——著名考古学家张光直

• 花瓣纹彩陶钵

• 花瓣纹彩陶盆

河南巩义双槐树遗址

地址：河南省郑州市巩义市黄河南岸以南 2 千米
年代：距今 5 300 年
发掘时间：2013 年
主要出土文物：三重环壕、骨质蚕雕

双槐树遗址位于嵩山之下、黄河之畔，土与水的滋养使之成为中华文明发展的重要据点。双槐树遗址是黄河流域仰韶文化中晚期规模最大的核心聚落，推动了中国建筑史的发展，开创了中轴线对称、前殿后寝等建筑新规制、新观念。

● 双槐树遗址

● 彩陶罐

2013 以来，双槐树遗址已发现三重大型环壕、大型建筑基址、中心居址、具有最早瓮城结构的围墙、版筑的大型夯土地基、四处共一千七百余座经过严格规划的大型公共墓地、夯土祭坛、人祭坑及兽骨坑等遗迹。这些大型建筑群初具中国早期宫室建筑的特征，为探索三代宫室制度的源头提供了重要素材。墓葬区内发现的夯土祭台遗迹，是仰韶文化遗址中的首次发现，有利于开展与红山文化、良渚文化等周边区域在祭坛文化方面的比较研究。

● 骨质蚕雕

湖北荆门屈家岭遗址

新石器时期

地址：湖北省荆门市屈家岭管理区屈岭村
年代：距今 5 000—4 600 年
发掘时间：1955 年
主要出土文物：彩陶纺轮、炭化粟粒、陶器

屈家岭遗址是长江中游地区最早发现、极具代表性的新石器时代大型聚落遗址，是研究探寻长江中游文明起源的重要大遗址。屈家岭遗址发掘是湖北考古的起点，第一次揭开了长江流域特征鲜明的史前文化的面纱，填补了长江中游地区新石器时代考古研究的空白。

● 屈家岭遗址第一次考古发掘场景

● 屈家岭国家考古遗址公园

屈家岭遗址面积约 284 万平方米，屈家岭遗址聚落等级高、规模巨大、结构完整、文化发展连续性强，影响深远。遗址中发现了大量史前稻作遗存、规整的农田痕迹和水利灌溉系统遗存，说明屈家岭先民已具备成熟的稻作农业知识。遗址中还出土了大量用于生产和生活的石器和陶器，包括中国“第一只彩陶纺轮”和国内已知最早的高温黑釉陶，将我国高温黑釉技术提早了将近 1 000 年。残留物分析表明，遗址出土的陶杯与壶形器和先民的饮酒行为具有直接关联。

彩陶罐

陶器

湖北天门石家河遗址

新石器时期

地址：湖北省天门市石家河镇
年代：距今 5 900—3 800 年
发掘时间：1955 年
主要出土文物：玉凤、玉人像

石家河遗址是长江中游新石器时代晚期文明中心，这里诞生了长江中游地区延续时间最长、面积最大、等级最高的史前都邑性聚落群，是中国五大史前都邑聚落之一。石家河遗址由内城、城壕（护城河）和外郭城构成，总面积 348.5 万平方米，是当时湖北最大的城市。城中有水利系统遗存，可实现防洪蓄水、引水入城，满足生活和农业灌溉等用水，说明了石家河先民对水资源的管控与利用，是长江水利文明发展高度的体现。遗址中出土了陶符神徽、陶塑等陶器和凤形佩、人头像等玉器，代表了长江中游地区史前文化发展的最高水平。

●石家河严家山遗址

●其他玉器

●玉神人头像

湖南道县玉蟾岩遗址

新石器时期

地址：湖南省永州市道县寿雁镇白石寨村
年代：距今约 10 000 年
发掘时间：1993 年
主要出土文物：动物残骸、打制石器、炭化稻谷

玉蟾岩是一处约100平方米的洞穴居住遗址，遗址具有由旧石器文化向新石器文化转变的过渡特征，遗址中早期陶器和水稻遗存的出现，表明湘南地区是我国最早发明制陶工业和最早开始向稻作农业方向转化的地区之一，也再一次证明中国南方是水稻农业的发祥地，为世界农业起源的中心之一。

炭化稻谷

陶器

玉蟾岩发现的遗存主要是烧灰堆，遗址中出土了陶器、打制石器和骨、角、牙、蚌制品和大量水、陆生动物遗骸。1993 年和 1995 年的两次发掘中各发现两枚水稻种子，前者为普通野生稻，但具有人类初期干预的痕迹；后者为栽培稻，但兼备野、籼、粳的特征，是一种由普通野生稻向栽培稻演化的最原始的古栽培稻类型。此外，遗址中还发现了稻属植硅石，将人类栽培水稻的历史提前到了 1 万年前。

湖南澧县城头山遗址

新石器时期

地址：湖南省常德市澧县车溪乡南岳村
年代：距今 6 500—5 800 年
发掘时间：1991 年
主要出土文物：水稻田遗迹、古城遗址、红陶碗

城头山遗址是中国迄今所发现的年代最早、保存最完整、内涵极其丰富的古城址，作为中国最早之城，被誉为“中国文明起源最初的坐标”，代表了长江流域新石器时代古文明的发展高度。

●彩陶盆

城头山遗址的城垣和整体格局均保存完整，遗址区域内有居住区、稻田、大型祭坛、城门、道路、墓葬区等部分，遗址区内的稻田是迄今世界最早、保存完好的水稻田，这是长江中游稻作农业成熟的见证。城头山遗址出土了陶器和石、木、骨、玉等各种质地的珍贵文物五千多件，以及动物骨骸和人工种植与野生植物籽一百多种，是研究中国史前社会文明起源、城邦发展的珍贵实物资料。

●红陶碗

●湖南澧县城头山遗址全貌

广西桂林甑皮岩遗址

新石器时期

地址：广西壮族自治区桂林市南郊
年代：距今约 12 000—7 000 年
发掘时间：1965 年
主要出土文物：石器、骨器、角器

甑皮岩遗址是华南地区新石器时代早、中期的代表性洞穴遗址，记录和展现了华南史前考古的发展历程，是华南乃至东南亚地区史前考古最重要的标尺和资料库之一。

甑皮岩遗址包括主洞、矮洞和水洞，占地面积约 300 平方米，这里发现了墓葬、石器加工点、火塘、灰坑等生活遗迹和石器、陶器、动物骨骼等，出土了迄今中国制作最原始的陶器和新石器时代洞穴遗址最早的石器加工场，为研究人类陶器起源、华南早期陶器的演变提供了重要材料。遗迹中出土的先民遗骸为中国新石器时代不同地区人类体质特征的对比研究提供了宝贵资料，反映了古人类在亚热带和热带地区的适应方式，承载了中国与东南亚地区史前文化交流发展的重要历史信息。

遗址考古现场

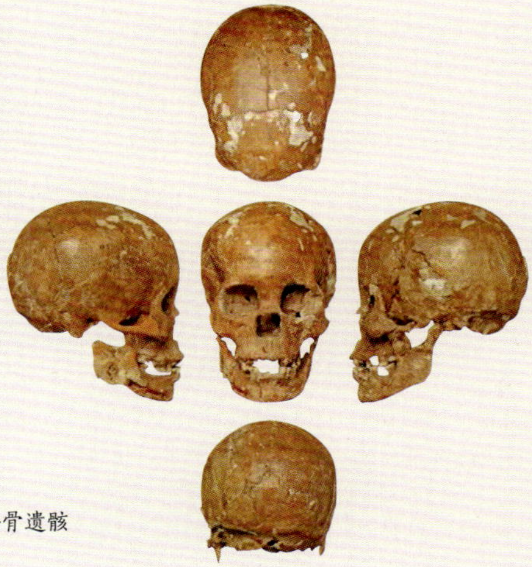

头骨遗骸

鱼骨镖

重庆巫山大溪遗址

新石器时期

地址：重庆市巫山县瞿塘峡东口长江南岸
年代：距今约 6 400—5 300 年
发掘时间：1959 年
主要出土文物：人面形玉佩、彩陶瓶

彩陶瓶

6 000 余年前，第一批人类踏上了大溪的土地，他们在此捕鱼狩猎，并以旱作农业作为重要补充，创造了“大溪文化”。大溪遗址是重庆境内最具代表性的新石器时代遗址，以它命名的“大溪文化”是长江中上游地区最早发现和确认的考古学文化。经过 60 余年的发掘，遗址中已发现迄今年代最早的水稻田遗址与史前城址、精美的彩陶，它们见证了大溪文化发生、发展及演变的各个阶段，是中国南方新石器时代中期最有代表性的考古学发现之一。

经过 60 余年的发掘，大溪遗址已发现众多灰坑、灶、窑等遗迹，出土了大量陶器、石器、骨器、铜器等器物。其中最具代表性的是四百余座墓葬，其葬式包括直肢、屈肢、仰身、俯身、单人、多人等形式，千奇百怪的屈肢葬至今仍是大溪遗址留下的最大谜团。

人面形玉佩

西藏昌都卡若遗址

新石器时期

地址：西藏自治区昌都市卡若镇卡若村
年代：距今 5 300—4 300 年
发掘时间：1978 年
主要出土文物：夹砂陶罐

卡若遗址被考古学界和古人类学界称为西藏的“三大古遗址”之一，孕育着西藏早期的农业文明。自 1978 年以来，在先后三次的发掘中，卡若遗址发现了半地穴式房屋、地面石砌建筑等房屋基址遗迹，出土了石器、骨器、陶器和装饰品等。陶器是典型器型，以小平底为特征。其中，最具代表性的双体陶罐代表了卡若文化最高的陶制烧制工艺水平。遗址中还发现有粟、猪骨和投掷石球，说明当时已拥有农业和畜牧业共同发展的生产经济方式。遗址揭示了西藏距今 5 000 至 4 000 年前的古人类生产和生活的线索，比较完整地勾勒出了藏东的生活方式，是研究西藏新石器时代考古学文化特征、划分西藏新石器时代考古学区系、探讨青藏高原新石器时代生业模式的重要遗址之一。

● 石制品

● 双体夹砂陶罐

陕西神木石峁遗址

新石器时期

地址：陕西省神木市高家堡镇
年代：距今 4 300—3 800 年
发掘时间：1976 年
主要出土文物：兽面纹石雕、玉铲

石峁遗址是迄今为止发现的，中国新石器时代晚期，乃至于东亚地区最大的、保存最好的中心都邑的遗址之一。遗址由“皇城台”、内城和外城三座基本完整并相对独立的石构城垣组成，城外还分布有数座人工修筑的“哨所”类建筑遗迹；出土了大量的石雕作品、彩绘壁画、占卜用具、生产生活工具、装饰品、武器、玉器等珍贵文物。

“皇城台”是遗迹的核心区域，其建筑结构奠定了中国古代以宫城为核心的都城布局，也说明石峁在当时是中国北方的区域政治中心、宗教中心和文化中心。石峁遗址反映的发展高度、复杂程度以及建筑技术，说明石峁遗址已经不同于一般性原始聚落，而是一处颇具影响力的邦国都邑，改写了学界对中国早期文明发展程度的判断，表明自新石器时代晚期以来，中国北方地区与欧亚草原方向存在双向、多重、频繁的技术交流和文化互动。

“皇城台”遗址

立柱石雕

神面与双兽纹石刻

陕西西安半坡遗址

新石器时期

地址：陕西省西安市灞桥区
年代：距今 6 800—6 300 年
发掘时间：1954 年
主要出土文物：人面鱼纹陶盆、尖底瓶

●尖底瓶

半坡遗址是中国第一次以大面积揭露古遗址的聚落考古方式开展的考古工作和研究，开创了中国聚落考古学的先河。作为仰韶文化的代表性遗址，半坡遗址见证了仰韶文化的发展变迁。遗址由早期遗存和晚期遗存构成，前者以人面鱼纹彩陶为标志，属于仰韶文化早期；后者以喇叭口尖底瓶和简化彩陶为代表，属于仰韶文化晚期。

●西安半坡博物馆展示的半坡文化遗迹

●人面鱼纹陶盆

●博物馆内陶器遗迹

半坡遗址首次揭示了中国境内以环壕聚落为特征的新石器时代闭合式聚落形态及其布局特征，并展示了仰韶文化不同阶段的文化面貌和社会结构特征，为仰韶文化的研究树立了半坡类型、半坡晚期类型两个阶段的标杆，为构建中国新石器时代文化编年标尺提供了标志性参照系。

陕西临潼姜寨遗址

新石器时期

地址：陕西省西安市临潼区
年代：距今约 6 600—4 000 年
发掘时间：1972 年
主要出土文物：姜寨黄铜、彩陶器

姜寨遗址是黄河流域一处以仰韶文化遗存半坡类型为主的新石器时代史前聚落遗址。遗址共发现五期文化遗存，前四期分属于仰韶时期的不同发展阶段，第五期属龙山文化，是研究仰韶文化分期、仰韶文化聚落与社会发展的珍贵材料。

●遗址发掘现场

姜寨遗址的聚落布局分为居住区、窑场和墓地三个部分。居住区位于中央，区内房屋规划整齐且朝向中心广场，居住区外围有人工挖建的壕沟，壕沟外部是墓地和窑厂。这一布局说明当时已经形成具有一定秩序的社会组织团体，反映了仰韶文化聚落的完整形态。遗址中出土石、骨、角、蚌、陶质的生产工具和生活用品一万多件，其中一件由铜锌合金组成的黄铜片，将中国冶金工艺的出现提早到了 6 000 年以前的原始社会。遗址中还出土了一套包含石砚、石质磨棒、黑色颜料和陶质水杯的绘画工具，反映了姜寨先民丰富的生活。

●石研磨器

●彩陶盆

甘肃秦安大地湾遗址

新石器时期

地址：甘肃省天水市秦安县
年代：距今约 8 000—4 000 年
发掘时间：1978 年
主要出土文物：人头形器口彩陶瓶

大地湾遗址是甘肃考古史上发掘规模最大、收获最为丰富的遗址之一，这是一处跨越旧石器时代晚期至新石器时代中期的大型遗址，清晰地反映了中国北方从采集狩猎经济到早期旱作农业经济的演变过程，是甘青地区文明诞生的重要源头。

经历八次发掘，大地湾已出土各类文物近万件，发现了数量众多的房址、灶址、灰坑和窖穴、窑址、墓葬、壕沟等史前遗迹七百多个，涵盖原始建筑、绘画艺术、农业起源、文字和宗教多个方面。其中，诞生于 8 000 年前的大地湾一期文化中发现了目前我国最原始的彩陶，开中国传统绘画艺术之先河，确凿无疑地表明甘肃是中华古文化的发祥地之一。

●人头形器口彩陶瓶

●三角斜线纹彩陶盆

甘肃临洮马家窑遗址

新石器时期

地址：甘肃省定西市临洮县洮阳镇马家窑村
年代：距今 5 200—4 000 年
发掘时间：1924 年
主要出土文物：彩陶罐

马家窑遗址是甘肃发现最多、分布面最广、最具代表性的新石器时代中晚期文化遗址。遗址被誉为黄河流域彩陶文化的发源地，出土的彩陶被公认为中国彩陶文化的历史巅峰。

马家窑遗址彩陶的命名始于 1924 年瑞典考古学家安特生的误认，安特生将该处遗址命名为“甘肃仰韶文化”，并提出“彩陶文化西来说”。直到 20 世纪 40 年代，夏鼐提出“马家窑文化”，以马家窑彩陶为代表的“彩陶之路”才逐渐清晰起来。考古发掘发现，马家窑彩陶是早期东西方文化交流的重要物品，马家窑文化由黄河上游中心区分别向西、向南发展，曾南传至四川北部，可能对后来的三星堆和金沙文化产生影响，非但不是自西方传来的文化，反而是史前时代中华文明向西扩展的见证。

●陶罐

●彩陶罐

●彩陶瓶

青海民和喇家遗址

新石器时期

地址：青海省海东市民和回族土族自治县官亭镇喇家村
年代：距今约 4 000 年
发掘时间：1999 年
主要出土文物：大玉刀、面条遗存、石磬

喇家遗址是一处新石器时代人类聚居遗址，遗址中发现了大型防御性设施壕沟、广场、覆斗形祭坛、祭祀坑、高等级墓葬、大石磬、权杖头、大玉刀、大玉璧、三璜联璧、玉钺、卜骨、彩陶提梁罐、仓形器、陶盉等重要遗存。大石磬和大玉刀作为权力和身份的象征，说明喇家聚落是史前时期黄河上游重要的政治、经济和文化中心。

4 000 年前，这里可能是一个热闹的村落，人们种地、打猎、生活，直到一场突如其来的灾难改变了一切。考古发现证实了喇家遗址存在大量非正常死亡个体及大面积灾难遗迹。作为迄今发现的中国唯一一处大型灾难遗址，喇家遗址的残骸和遗物显示在灾难来临的那一瞬间，有人用身体撑住屋顶、有人紧紧搂着孩子、有人留下一碗来不及吃的面条……虽然遗迹令人触目惊心，但千年后的现世也说明灾难无法阻挡历史的延续与文明的积淀。

●喇家齐家文化玉璧

●当时的陶碗和 4 000 年前的面条

●怀抱孩子的女性尸骨

香港马湾岛东湾仔北遗址

新石器时期

地址：香港马湾岛
年代：距今 5 700—2 500 年
发掘时间：1997 年
主要出土文物：双流鸡形陶壶、陶钵、陶杯

马湾岛东湾仔北遗址是一处典型的海湾遗址，它坐落在香港马湾岛东北角的东湾仔海湾的沙堤上。遗址中的三期文化遗存见证了近 3 000 年的历史变迁，是香港史前时期的一张名片。

遗址发现了二十座墓葬，其中有十五座保存了古代人骨残骸，这些骸骨具有亚洲蒙古人种特征，和广东珠江流域的新石器时代晚期人骨体质特征有共通点，说明香港和内地的文化交流源远流长。遗址中出土了陶器、石器、贝器和骨器等随葬品，陶器上的绳纹、方格纹、曲折纹是那个时代的审美和技艺的体现，石器则以有段锛和 T 形环最具特色，这些都是史前人类智慧的结晶。

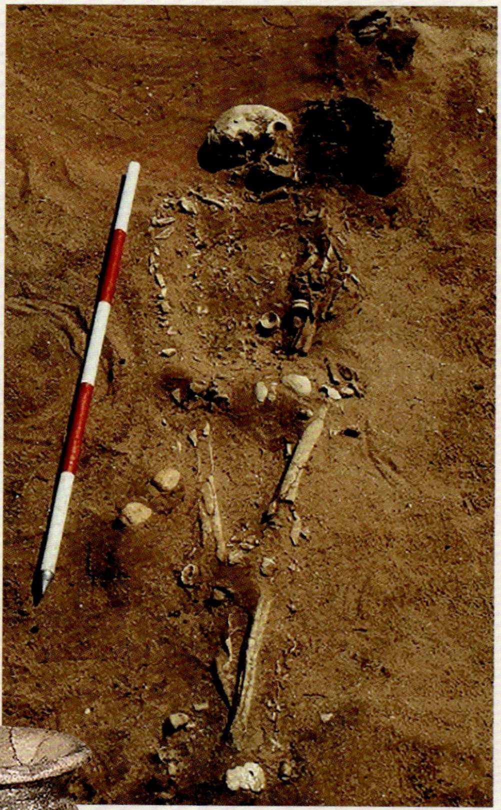
墓葬残骸

陶器

陶罐

江西新干商代大墓

夏商时期

地址：江西省新干县大洋洲乡程家村

年代：商代中晚期

发掘时间：1989 年

主要出土文物：立鹿四足青铜甗、卧虎耳青铜大方鼎、兽面纹青铜胄

新干大墓是中国出土青铜器数量较多、种类较丰富的大型商代墓葬之一，与殷墟妇好墓、三星堆祭祀坑并称为商代青铜器三大发现，堪称“江南青铜宝库”。墓葬的发现填补了江南地区商代考古的空白，打破了江南地区在商代被视为“蛮荒之地”的认知，重塑了中国青铜时代文化格局。

大墓内有一棺一椁，随葬品包括一千三百余件青铜器、玉器和陶器，其中青铜器数量最多。这些青铜器工艺精湛、种类繁多，涵盖礼器、兵器、乐器、农具、饰件等门类，不仅具有明显的中原商文化色彩，又表现出浓厚的地方特色，改变了人们对赣江流域古代文明的认识。

青铜钺

兽面纹青铜胄

河南偃师二里头遗址

夏商时期

地址：河南省洛阳市偃师区二里头村
年代：距今 3 800—3 500 年
发掘时间：1959 年
主要出土文物：镶嵌绿松石兽面纹铜牌饰、绿松石龙形器、乳钉纹青铜爵等

二里头遗址是一处经缜密规划、布局严整的王国都城遗址，遗址整体面积约为 300 万平方米，60 余年的发掘仅仅探索了不足 2% 的遗址面积。迄今为止的考古发现，二里头开创了以大型夯土基址为代表的宫室制度、以贵族墓葬为代表的墓葬制度、以玉质礼器群和青铜礼器群为代表的器用制度，表明中国在 3 000 余年前便已经形成了高度发达的宫廷礼制、礼乐制度，开启了中国王朝文明的序幕。

●二里头遗址发掘现场

●二里头遗址公园

●绿松石龙形器

●镶嵌绿松石兽面纹铜牌饰

●青铜钺

●二里头的牙璋

二里头遗址是东亚地区最早的“核心文化”、最早的广域王权国家、“中华文明总进程的核心与引领者”、传说中“夏”的首都……二里头遗址标志着中国历史进入王国时代的新纪元，是商周青铜礼乐文明的奠基者。中华文明的源头，于此开启。

河南偃师商城遗址

夏商时期

地址：河南省洛阳市偃师区
年代：前 16—前 14 世纪
发掘时间：1983 年
主要出土文物：陶器、青铜器、骨角器、玉石器

偃师商城遗址是我国唯一一处保留下来未遭破坏的商代都城遗址，也是商代城址中保存相对完好的一座帝都遗址。1 600 余年前，商汤灭夏。此后 200 余年的时间里，商朝以“亳”为首都展开统治，商城遗址正是这段历史的见证。

遗址中发现了由城墙、城门、城壕组成的严密防御体系，宫城与大型建筑基址、祭祀场、水系与池苑构成的高规格中心功能区，以及储藏区、手工业设施区、墓地等不同类型的遗存，遗址还拥有当时最先进的城市水系，充分证明了商城的发达程度。遗址出土了包括陶器、玉器、石器、骨器、蚌器和原始瓷器在内的丰富的文化遗物近万件，反映了商朝王室和平民的礼仪制度和日常生活，为复原中国早期历史提供了宝贵的实物资料。

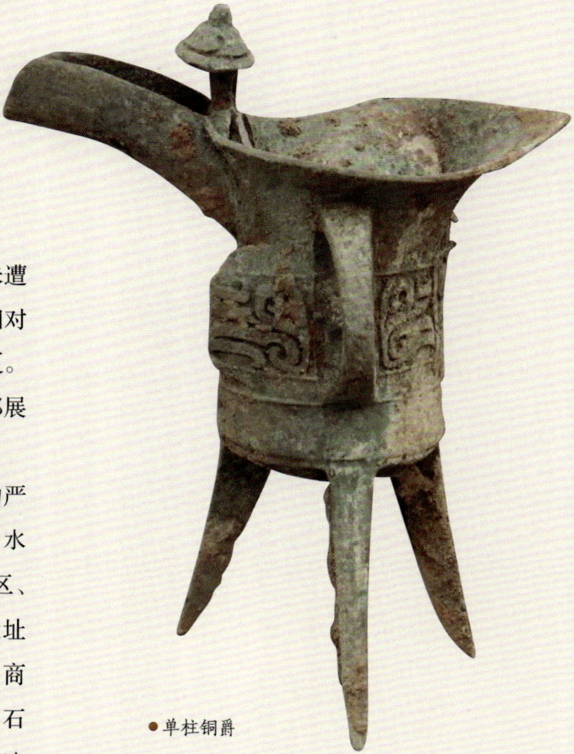

单柱铜爵

河南郑州商城遗址

夏商时期

地址：河南省郑州市管城回族区
年代：商代早期
发掘时间：1956 年
主要出土文物：杜岭方鼎、兽面纹提梁铜卣

郑州商城遗址是我国著名的大型古代城市遗址，是商王朝的前期都邑所在地，基本反映出早期商文明的完整形态，代表了中国早期文明在商朝早期的最高发展水平。郑州商城遗址由宫城、内城、外城三重结构组成，包括宫殿区、手工业作坊区、居民区、墓葬区、宗教活动遗迹，其中宫城内密布严整的宫殿宗庙建筑、给排水设施等。内外城池和宫殿布局的整体形制，开辟了王都营建模式的先河。此外，遗址中发现了大量冶铜、制陶、制骨作坊遗址、城市建筑基址、城市基础设施遗存，并出土了刁刻甲骨、原始瓷器和大量王室青铜重器，不仅展现了商朝早期高超的手工艺制作水平，也为探源中华文字起源、中华文明发展提供了关键证据。

“商朝的历史从郑州商城的确认到殷墟才完整。”

——李伯谦

●杜岭方鼎

●郑州商城考古遗址鸟瞰

●青褐釉原始瓷尊

河南安阳殷墟（含洹北商城、后冈遗址）

夏商时期

地址：河南省安阳市洹河南北两岸

年代：商代晚期

发掘时间：1928年

主要出土文物：刻辞卜甲、后母戊鼎、妇好鸮尊、嵌绿松石象牙杯等

殷墟为商代晚期都城和王陵所在地，这是中国历史上第一个有文献可考、并为甲骨文和考古挖掘所证实的古代国都遗址，它见证了商王朝的存在，代表了中国商文明乃至中国青铜时代的鼎盛阶段。

殷墟遗址分为宫殿区、王陵区、一般墓葬区、手工业作坊区和一般居住区。遗址中出土甲骨文约十五万片、青铜礼器约一千五百件、玉器约两千六百件，还有数量庞大的陶器、骨器、石器等文物遗存。殷墟的发掘展示了中国在3 000余年前便已经发展出系统的文字、成熟的礼制、完备的国家治理体制和高超的科学技术等，构成了中华5 000年文明史中最重要的节点和最坚实的证据。2006年，殷墟被列入《世界文化遗产名录》。联合国世界文化遗产评估专家金秉模在考察时如此评价它：“殷墟是第二个古埃及！”

● YH127 发掘现场

● 殷墟王陵大墓复原

● 甲骨窖

●玉人

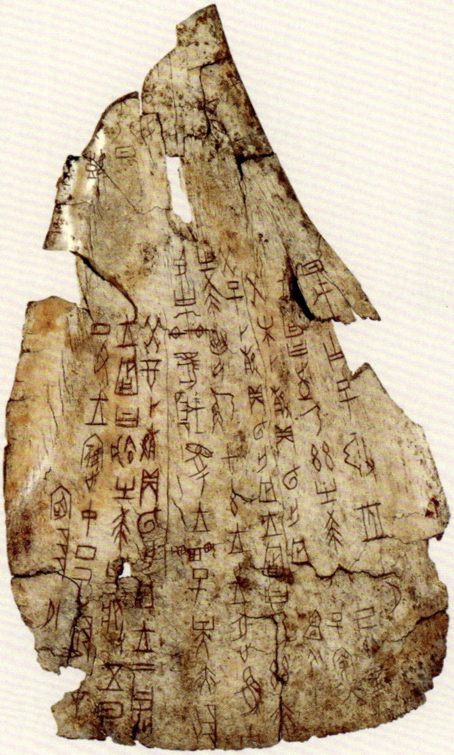

●“王往逐兕”涂朱卜骨刻辞

●后母戊鼎

殷墟是中国考古学的摇篮，一部殷墟发掘史，半部中国考古学史。

湖北黄陂盘龙城遗址

夏商时期

地址：湖北省武汉市黄陂区
年代：商代早期至中期
发掘时间：1963 年
主要出土文物：大玉戈、绿松石镶金饰件

盘龙城是二里头、二里岗文化向南扩张过程中，在江汉地区形成的规模最大、社会地位最重要的一处中心聚落，是长江流域已知布局最清楚、遗迹最丰富的一处商代前期城址，被誉为“武汉城市之根”。

3 000 余年前，商朝在中原地区崛起后开始了扩张的步伐，盘龙城在此期间成为商朝南土的中心城邑，见证了中华文明在长江流域的扩张和巩固历程。盘龙城遗址出土了大量的青铜器、陶器、玉器等文化遗物，发现了城垣、壕沟、宫殿基址群、贵族墓葬、铸铜手工业作坊等遗迹现象，表明在早商时期，长江流域已出现高度发达的青铜礼仪文化和复杂的青铜器生产活动，盘龙城由此成为之后长江流域青铜文化发展的起点。

● 盘龙城国家考古遗址公园

● 绿松石镶金饰件

● 盘龙城李家嘴出土的铜壶

● 玉戈

湖北大冶铜绿山古铜矿遗址

夏商时期

地址：湖北省大冶市矿区
年代：商代晚期至汉代
发掘时间：1973 年
主要出土文物：大型铜斧、铜锛、铜凿、石钻、辘轳等采矿工具

青铜文明是人类文明进化的重要阶段，中国青铜文明之所以能发展为世界青铜文明三大形态之一，离不开大量铜矿的开采和发达的冶炼技术。铜绿山古铜矿遗址是一处以采矿和冶炼遗址为核心的古代矿冶遗址，其历史可追溯至 3 000 余年前的商代中期，并经春秋战国延续至西汉，见证了中国青铜文明从发展到鼎盛再到衰落的全过程。

遗址出土了铜斧、铜锛、木槌、陶罐等器物，还发现有商周时期露天采坑（场）、矿房遗迹、井口上的大草棚、木砍渣堆积、灰烬堆积等遗迹现象，说明此处进行了规模宏大、历时悠久、分工和管理水平较高的青铜开采和冶炼活动，这在中国乃至世界矿冶史上都十分罕见。该遗址填补了中国古代冶金史的多项空白，开辟了中国矿冶考古的先河，对研究中国青铜文化起源与发展具有独特性和唯一性。

春秋早期炼铜竖炉（6 号炉）冶炼设施照片

铜锛

四川广汉三星堆遗址

夏商时期

地址：四川省广汉市三星堆镇西北的鸭子河南岸
年代：距今 4 500—2 900 年
发掘时间：1986 年
主要出土文物：青铜神树、青铜纵目面具、青铜立人像

三星堆保存着从新石器时代末期到春秋战国时期 2 000 余年的文化堆积，它虽静卧在四川盆地西部，但当这颗古蜀文明的“时空胶囊”被打开后，却“一醒惊天下”，向后人展现了辉煌的古蜀文明。

●戴黄金面罩的青铜人头像

●1 号坑发掘现场

●黄金面罩（2021 年 3 号坑出土）

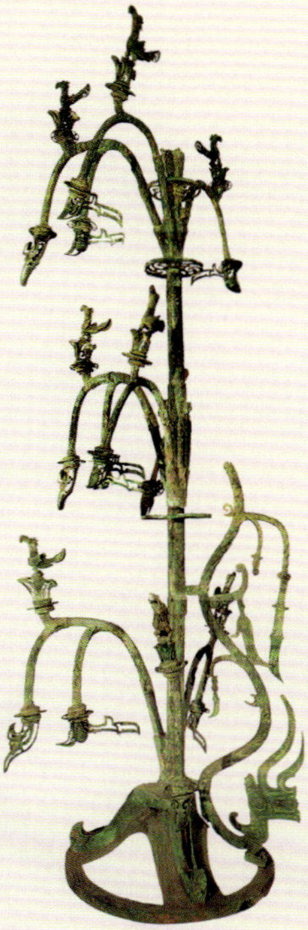

● 1号青铜神树

●夔龙冠纵目青铜面具

●青铜纵目面具

●青铜立人像

三星堆是古蜀文物的宝库，以祭祀坑为代表的遗迹及五万余件出土文物，生动展现了古蜀文明的独特性和创造性。高大庄严的青铜立人像、神秘诡异的青铜面具、神圣贵重的青铜神树……这些世界青铜文明中罕见的奇观无不反映了古蜀人民独特的人生观、价值观和世界观，也为古蜀文化与中原文化的交流提供了见证，反映了中华文明的多样性。

新疆若羌小河墓地

夏商时期

地址：新疆维吾尔自治区巴音郭楞蒙古自治州若羌县孔雀河下游
年代：距今 4 000—3 400 年
发掘时间：2002 年
主要出土文物："小河公主"干尸、毡帽、船形棺等

●小河墓地 M13 棺随葬的彩绘牛头

在塔克拉玛干沙漠边缘，无尽的沙海中沉睡着距今 3 000 余年的青铜文明的文化遗存。这里发现了一百六十七座墓葬，出土了三十多具保存完好的古尸和上千件文物，反映出夏商时期塔里木盆地青铜时代文化的独特性、多元性和复杂性。

●小河墓地遗址

M13 棺侧面，可以看到棺木无底

小河墓地的墓葬结构非常独特，形似无底独木舟的木质棺具上覆盖着牛皮，分五层上下叠埋。墓葬前方有立木，上挂彩绘牛头，营造了浓厚的异域风情。墓葬中出土的毡帽、毛织斗篷、腰围等服饰和木雕、权杖等文物充满地方特色，染织服饰、小麦、粟、小铜件等文物则带有中原地区的色彩，证明史前东西方存在广泛的文化交流。

"小河公主"干尸

浅棕色女性毡帽

台湾卑南遗址

夏商时期

地址：台湾省台东市卑南乡南王村

年代：距今 3 000—2 000 年

发掘时间：1980 年

主要出土文物：石板棺、人兽形玉耳饰

卑南遗址发掘面积大，出土文物丰富精美，是台湾省规模最大的史前遗址之一，也是台湾省考古史上具有最完整聚落形态的遗址之一，这里发现了迄今环太平洋及东南亚地区规模最大的石板棺墓葬群遗址，数量超过一千五百座。

卑南遗址的文化遗存主要分为大坌坑文化和卑南文化两个时期，遗址聚落在卑南文化时期达到鼎盛。板岩石板棺、石槽、石柱、大型石制容器和石墙等遗存是卑南文化的基本特征。考古发现，卑南遗址的葬式为仰身直肢葬，有拔牙的习俗。遗址还出土了陶器、打制石器、磨制石器和玉器等两万余件文化遗物，其中玉玦形状繁多，说明台湾地区古代先民与大陆东南沿海文化存在联系。

北京琉璃河遗址

两周时期

地址：北京市房山区琉璃河镇董家林村
年代：西周早期
发掘时间：1972 年
主要出土文物：堇鼎、伯矩鬲

琉璃河遗址是西周时期燕国的始封地和早期都城，是我国在西周考古史上发现的少数同时并存诸侯国城址和诸侯墓地的遗址，也是北京 3 000 余年城市文明的历史见证。琉璃河遗址的主体被城墙、城壕包围，分为城内和城外两大区域。城内被划分为宫殿区、祭祀区、手工业作坊区，城外则为墓葬区。

●伯矩鬲

●堇鼎

●琉璃河遗址考古现场

在近 60 年的发掘历程中，琉璃河遗址已经发现了四百余座墓葬、三百余座灰坑及车马坑、祭祀坑、夯土建筑等，出土青铜器、刻字甲骨、玉器、漆器、原始瓷器等大量精美文物。其中的伯矩鬲和堇鼎不仅是北京地区出土的体型最大、技艺最高超的青铜器代表，而且记载了燕国贵族的活动事迹，已经成为首都博物馆的“镇馆之宝”。

河北易县燕下都遗址

两周时期

地址：河北省保定市易县城东南

年代：东周时期

发掘时间：1930 年

主要出土文物：透雕龙凤纹铜铺首、铁胄

易水之畔的燕下都是燕国南部的政治、经济和军事重镇。2 000 余年前，燕太子丹遣荆轲刺秦王就策划于此，留下了“风萧萧兮易水寒，壮士一去兮不复还”的诗句。2 000 年后，考古发掘揭开了燕下都的神秘面纱，展示了燕国作为战国七雄的辉煌文化。

遗址整体格局分为东西二城，西城为防御的廓城，东城为内城，内有宫殿区、手工业作坊区、墓葬区等。武阳台是宫殿区中心主体建筑，这里是燕王处理政务、行使权力的主要场所，是燕下都遗址数量众多的建筑台基中规模最宏大、保存最完好、知名度最高的一座。遗址出土文物十万余件，主要是陶、铁、铜、金、银制的建筑构件，生产用具，礼器，兵器，货币等，并发现许多制兵器、铸铁、制玉、烧陶遗址，表明当时燕都的经济文化十分繁盛。

透雕龙凤纹铜铺首

战国铜人像

河北平山战国中山王墓

地址：河北省平山县三汲村
年代：东周时期
发掘时间：1974 年
主要出土文物：错金银四龙四凤铜方案座、兆域图铜版

春秋战国时期，诸侯争霸，在威名赫赫的“战国七雄”之外，曾存在一个战国“第八雄”——中山国。它在战国后期发展成为“千乘之国”，曾参与“五国相王”。中山王墓的发掘证实了这个原本仅存于史书中的国度的存在，填补了 2 000 余年来中山国研究的空白。

中山墓考古现场

中山王鼎

中山国王厝墓

中山王方壶

●错金银双翼神兽

●错金银虎噬鹿屏风座

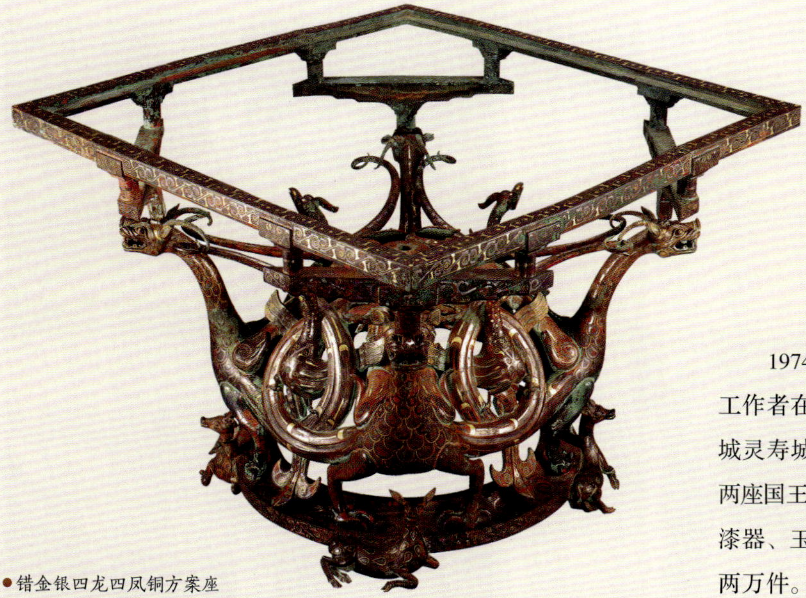

●错金银四龙四凤铜方案座

●兆域图

1974 年至 1978 年，考古工作者在平山发现中山晚期都城灵寿城故址，并先后发掘了两座国王陵墓，出土青铜礼器、漆器、玉器、车马器等文物近两万件。中山王墓椁室内出土的“兆域图”铜版镌刻了中山王厝陵区的建筑规划图，是迄今为止世界现存最早的铜质建筑设计平面图。大量随葬品的风格说明中山国在政治、经济、思想等方面与中原各国渐趋一致，中原的王权思想与礼乐制度深刻影响了中山国贵族的生活方式。

山西临汾晋侯墓地及曲村—天马遗址

地址：山西省临汾市曲沃县、翼城县
年代：西周至春秋初期
发掘时间：1963 年
主要出土文物：陪葬车马坑、晋侯鸟尊、晋侯苏钟

曲村—天马遗址是晋国早期都城遗址，周成王儿时“桐叶封地”的戏语在此延续。春秋时期，晋国逐渐经营壮大起来，几度成为称霸中原的地方大国，位列“春秋五霸”之一，并创造出独具风格、影响深远的晋文化。天马—曲村遗址的文物遗存涵盖仰韶文化时期至元明时期，其中以西周早期至春秋中期的材料最为丰富，遗址范围最为广大，表明此处在很长一段时间内都是晋国首都。

●山西省曲沃县晋国博物馆

●晋侯鸟尊

●晋侯苏钟

遗址内已发现六百余座西周春秋时期中小型墓葬和两处高等级晋侯墓地，出土了数以千计的青铜器、玉器和原始瓷器等高等级随葬品，有铭文的青铜器中还记载了六位晋侯的名字，为墓主身份的确定和遗址性质的判断提供了重要证据。这些墓葬年代连续、形制多样且保存较好，提供了有关早期晋国墓葬发展演变的可靠序列。

●龙耳人足方盒

山西侯马晋国遗址

地址：山西省侯马市西北部
年代：战国晚期
发掘时间：1956 年
主要出土文物：侯马盟书

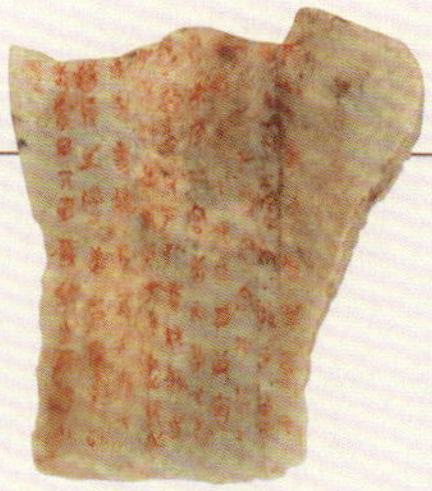

●侯马盟书

山西侯马晋国遗址是战国时期晋国晚期都城遗址，它见证了从公元前 585 年迁都至公元前 475 年三家分晋的 200 余年里，晋国由春秋霸主走向分裂的历史。这段时间里，晋国进行了激烈的社会改革，催生了农业、手工业、商业上的空前繁荣，造就了一代强国最后的辉煌。侯马遗址目前已发现十一座古城址、十三处祭祀遗址、七处墓地及铸铜、制陶、制骨、制圭等手工业作坊遗址，出土文物十万余件，其中包括五千余件写在玉、石片上的盟书。这些盟书以朱色和黑色墨水写成，记载了春秋时期晋国卿大夫赵鞅与其他卿大夫的盟辞誓言，涵盖宗盟类、委质类、纳室类、诅咒类和卜筮类等门类，为研究春秋时期的社会交往、文字发展和晋国历史提供了可靠资料，又被称为“侯马盟书”。

●铸铜陶范

●晋都新田遗址发掘现场

山东临淄齐国故城

两周时期

地址：山东省淄博市临淄区齐都镇
年代：西周晚期至汉代
发掘时间：20 世纪 60 年代
主要出土文物：青铜镜、钱范

山东临淄齐国故城是周、汉齐国都城遗址。从太公望封国建邦以来，这里见证了齐桓公"尊王攘夷"的春秋霸主时代、"田氏代齐"之后的战国七雄时代，以及汉代分封制下的诸王时代。作为东方最富庶的国家的首都，临淄齐国故城是中国古代规模较大的早期城市之一，经历了齐文化发展、成熟与演变的全过程，也是古代东方重要的政治、经济、文化中心。临淄齐国故城分为大城与小城两部分，大城南北绵延近 5 千米，东西伸展近 4 千米，是官吏、平民以及商人居住的廓城，东北角落则是齐国"国市"所在，成语"摩肩接踵""挥汗如雨"都发生在这里。小城嵌入大城西南角，是国君居住的宫城，周师齐祖姜太公、春秋首霸齐桓公、一鸣惊人齐威王等古代著名帝王都在此地留下过足迹。

●青铜镜

●铜簋

山东曲阜鲁国故城

地址：山东省济宁市曲阜市

年代：西周至汉代

发掘时间：1977 年

主要出土文物：鲁国大玉璧、战国兽面纹玉带钩

● 曲阜鲁国故城遗址

● 战国兽面纹玉带钩

位于山东省曲阜市的鲁国故城为周、汉鲁国都城遗址。从公元前 11 世纪，周武王将其胞弟、宰辅周公旦封于鲁国，到公元前 249 年鲁亡于楚，再到西汉诸王分封，鲁国故城在近千年的时光中一直是鲁王的居所，这也是周朝至汉朝各诸侯国中沿用时间较长的都城之一。

鲁城分外城和内城两部分，内城为鲁王宫宅、贵族官宦居住区、市贾区和居民区，其格局完全按照“左坛右社，面朝后市”“仕者近宫，不仕与耕者近门，工贾近市”的周代礼制设计，是目前两周时期最接近《周礼·考工记》所记载的“礼制”都城形制，体现了鲁国作为“礼乐之邦”的风范。遗址中发现了墓地、车马坑、舞雩台等重要遗迹，出土了大量随葬品，其棺椁制度、饰玉制度和随葬器物制度为阐释先秦鲁文化、儒家文化提供了重要材料。

● 战国出廓双龙勾云纹玉璜

● 战国谷纹夔龙形玉佩

河南三门峡虢国墓地

两周时期

地址：河南省三门峡市上村岭
年代：西周末期至春秋早期
发掘时间：1956 年
主要出土文物：玉组佩、人形玉佩

虢国是周朝初期姬姓诸侯国，其国君多在周王朝中担任重要官职，备受周天子的赏识和器重，参与了西周至春秋初期的许多重大历史事件，对周王朝的兴起、发展和衰落都有重大影响。

三门峡虢国墓地是一处等级齐全、保存完好的大型邦国公墓地。经过五次钻探及两次大规模考古发掘，墓地已发现两百余座墓葬，出土工具、武器、车马器、礼器、乐器等三万余件，其中的玉茎铜柄铁剑，是迄今发现的中国最早的人工铁制品。虢国墓地的发现印证了历史文献中关于虢国的记载，填补了西周考古史上的空白，并为西周时期公墓制度、高等级国君墓葬和丧葬习俗提供了实物资料，成为西周历史文化、工艺技术研究的重要参考。

● 虢国博物馆内车马坑遗迹

● 五璜联珠组玉佩

河南洛阳东周王城遗址

地址：河南省洛阳市
年代：东周时期
发掘时间：1953 年
主要出土文物：“天子驾六”车马坑

洛水之畔，邙山之阴，东周王城遗址静卧于此，诉说着千年的沧桑与辉煌。这里曾是周平王东迁后的国都，自公元前 770 年起，至秦灭东周的公元前 256 年，王城见证了 500 余年的历史更迭。尽管春秋时期诸侯称霸、王室衰微，但东周王城作为天子之都的重要意义，远非列国都城所能比。东周王城按照“面朝后市”的原则布局，包括规模宏大、规划有序的宫殿礼仪建筑群。王陵区中“天子驾六”的车马制度再现了周天子车马出行的仪仗列队，彰显了周天子唯我独尊的王者气势。

东周王城东墙发掘现场

东周王城遗址车马坑

周王城天子驾六博物馆

瓦当

湖北随州曾侯墓群

两周时期

地址：湖北省随州市枣阳、京山的随枣走廊一带
年代：西周早期至战国
发掘时间：1978年
主要出土文物：曾侯乙编钟、曾侯乙尊盘、铜鉴缶

在荆楚大地的怀抱中，随州曾侯墓群沉睡千年，直到1978年曾侯乙墓的发现，才让曾国这个古老的国度重现世间。曾国是周朝在南方的封国之一，从西周初期至战国中期，曾国一直是江汉地区的强国。曾侯墓群以随州为中心，时代跨西周早期至战国，包括十余位曾国诸侯级墓葬。墓葬中出土了上万件文物，包括众多体量宏大的青铜器，记录着春秋战国时期的礼乐制度、青铜文明的巅峰。其中，周天子赐予的九鼎八簋是曾国荣耀的象征，映射出曾国礼乐文化的鼎盛风貌。编钟和编磬为研究两周时期礼乐制度和音乐史提供了实物资料；大量漆器、玉器和丝织品也生动展现了曾国的手工业技艺与战国时期的民俗风情，体现了先秦时期中国在艺术、技术、天文等方面的极高成就。

● 曾侯乙彩绘漆瑟

● 曾侯乙墓地远景

● 曾侯乙墓发掘现场全景

●曾侯乙尊盘

●曾侯方鼎

●青铜编钟

●全套曾侯乙编钟

两周时期

四川成都金沙遗址

地址：四川省成都市城西苏坡乡金沙村

年代：商周时期

发掘时间：2001 年

主要出土文物：太阳神鸟金饰、金面具、蛙形金箔

● 铜人形器

金沙遗址是长江上游古代文明中心——古蜀王国的都邑，它不仅实证了成都超过 3 100 年的建城史，还解开了三星堆的去向之谜，与史前古城址群、三星堆遗址、商业街船棺葬遗址共同建构了长江上游先秦时期古蜀文明发展演进的四个阶段，极大地拓展了古蜀文化的内涵与外延。

● 金沙遗址博物馆内部分遗迹展示

•蛙形金箔

•太阳神鸟金饰

•人面鱼鸟箭纹金王冠带

遗址堆积面积达5平方千米以上，涵盖新石器时代的宝墩文化遗存、商周时期的三星堆文化、十二桥文化和新一村文化遗存，出土金器、铜器、玉器、石器、漆木器、象牙、陶器等文物数万件，其中金器、铜器、玉器、石器、象牙等珍贵文物大多出土于黄土台之上，是古蜀人民祭祀神明的用品。

•小金面具

陕西宝鸡周原遗址

两周时期

地址：陕西省宝鸡市扶风县
年代：先周至西周时期
发掘时间：1956 年
主要出土文物：大盂鼎、大丰簋、毛公鼎、史墙盘

周原遗址是周王朝崛起和建立后最重要的遗址，这里是周文化的发祥地、武王伐纣故事的起点，见证了周人从古公亶父迁岐至文王迁都丰京的辉煌历程。遗址中发现了大量商代晚期的土著遗存和西周时期的城墙、宫殿、墓葬、水网系统、手工业作坊和青铜器窖藏等遗迹，出土了大量卜骨、卜甲和青铜器。周原遗址是全国商周时期出土青铜器较多的遗址，这里发现了大量高等级青铜器窖藏、青铜器墓和埋藏坑，大盂鼎、小盂鼎、墙盘、毛公鼎等国之重器均发现于此，对于研究西周建筑、礼制，乃至整个西周国家政治、经济、文化等都有着重要的学术意义。

1976 年，庄白一号窖藏清理现场

史墙盘

大盂鼎

陕西西安丰镐遗址

地址：陕西省西安市长安区

年代：西周时期

发掘时间：1933 年

主要出土文物：车马坑、多友鼎

●多友鼎

“丰镐”是丰京和镐京的合称，它们是中国历史上最早被称为“京”的城市，亦是西周建国后的首都，这里见证了周武王立国至周幽王亡国之间300余年的历史，诞生了影响中国2 000余年的周礼（又被称为“宗周”）。

丰镐是中国历史上第一个规模宏大、布局整齐的大城市，开创了中国城市平面布局方整、宽畅、宏伟的先河，一直是后来城市总体布局的楷模。经过80余年的考古工作，遗址目前已发现大型建筑基址与宫殿区、手工业遗址、贵族墓地和多处青铜器窖藏，为探讨和研究先周文化、商周断代提供了重要资料，确定了先周文化与西周文化的划分标准。

●牺尊

陕西凤翔秦雍城遗址

两周时期

地址：陕西省宝鸡市凤翔区
年代：东周时期
发掘时间：20 世纪 50 年代
主要出土文物："蕲年宫当"瓦当、车马坑

●秦公一号大墓车马坑发掘现场

雍城是秦国定都时间最长的都城，秦国的十九位国君曾在此统治了300余年，为后来秦始皇统一六国奠定了坚实的基础。秦雍城遗址由城址、秦公陵园、国人墓地、郊外离宫建筑遗址、祭祀遗址等五大部分组成，总面积约51平方千米，已出土大批青铜器、玉器、铁器、木器、骨器、陶器等文物。其中，城址面积约11平方千米，发现有城墙、壕沟、宫殿、宗庙、凌阴、手工业作坊、道路等遗迹；秦公陵园规模宏大、布局规整，是秦国陵园体系的重要组成部分，秦公一号大墓是已经发掘的先秦时期最大木椁墓。

●"蕲年宫当"瓦当

●青铜建筑构件

甘肃张家川马家塬遗址

地址：甘肃省天水市张家川回族自治县

年代：战国晚期至秦代

发掘时间：2006 年

主要出土文物：车马饰、青铜器、金带钩

2 000 余年前，甘肃地带曾出现一个名为“西戎”的部落。在西周至春秋时期，西戎曾是中原诸国的心腹大患，直至秦穆公时代“西戎八国服于秦”，这一部落才逐渐被中华文明同化、吸纳。马家塬遗址是战国晚期至秦代西戎某支部落首领和贵族的墓地，遗址的发掘揭开了西戎族群的神秘面纱。近 20 年的考古发掘中，遗址已发掘墓葬八十座、祭祀坑三座，出土礼仪性车辆六十八辆及金银器、贴金银铁器、玻璃和玻璃态制品等随葬品万余件，反映了战国晚期至秦代西戎文化的面貌。墓中出土的随葬用车不仅有礼仪用车，还有现实生活中的实用车，展示了西戎人高超的造车工艺和秦戎文化交流的成果。

马家塬遗址车马坑

银张弓武士形饰

金带钩

北京大葆台汉墓

秦汉时期

地址：北京市丰台区大葆台

年代：西汉晚期

发掘时间：1974 年

主要出土文物："黄肠题凑"墓、透雕双面刻墨玉舞人饰件、透雕螭虎玉佩

"黄肠题凑"是上古帝王陵墓的一种特殊葬制。《汉书·霍光传》记载有"黄肠题凑"。以柏木黄心致累棺外，故曰"黄肠"；木头皆内向，故曰"题凑"。但直到 1974 年北京大葆台汉墓的发掘，学界才首次确认了"黄肠题凑"这种葬具真实存在，该墓也是迄今中国最早发现的使用"黄肠题凑"的汉代诸侯王墓。

大葆台汉墓是西汉广阳王或燕王及其夫人的墓葬。墓地由两座西汉时期的大型竖穴土坑木椁墓组成，属于诸侯王级别的高等级墓葬。墓中出土陶器、铜器、铁器、玉器、玛瑙、漆器、丝织品等文物四百余件。大葆台汉墓是北京地区迄今考古发掘的等级最高、规模最大、保存最好的汉代诸侯王及其夫人墓，对研究汉代的丧葬制度和建筑艺术具有重要的学术价值。

谷纹玉璧

大葆台汉墓发掘现场

玉舞人

河北满城汉墓

秦汉时期

地址：河北省保定市满城区陵山之上

年代：西汉中期

发掘时间：1968 年

主要出土文物：金缕玉衣、长信宫灯、错金博山炉等

刘胜是开创“文景之治”的汉景帝刘启之子、汉武帝刘彻的兄长，他是西汉第一代中山王，他在位的 42 年正值西汉盛世时期。即使在死后，刘胜的陵园也极尽奢华，彰显了西汉盛世气象。

满城汉墓依照汉代“因山为陵”的原则建造，由山体中的刘胜墓、窦绾墓及附近的十八座封土墓组成，墓主分别是西汉中山靖王刘胜及王后窦绾。墓葬中出土了金器、银器、铜器、铁器、玉器、石器、陶器、漆器、丝织品等遗物一万余件，其中，渗碳钢、百炼钢、镀铬技术等先进科技改写了中国科技史，石磨、铜尺、玻璃盘、玻璃耳杯等文物为国内首次发现，金缕玉衣和长信宫灯更是被奉为国宝文物，反映了汉代辉煌的文化艺术发展成就。

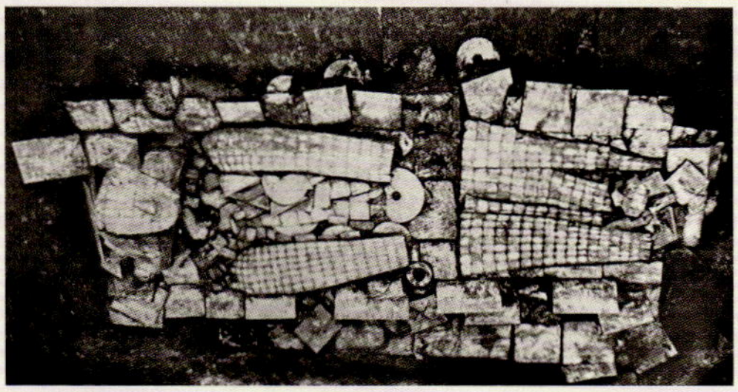

刘胜金缕玉衣出土时情况

长信宫灯出土时情况

刘胜金镂玉衣

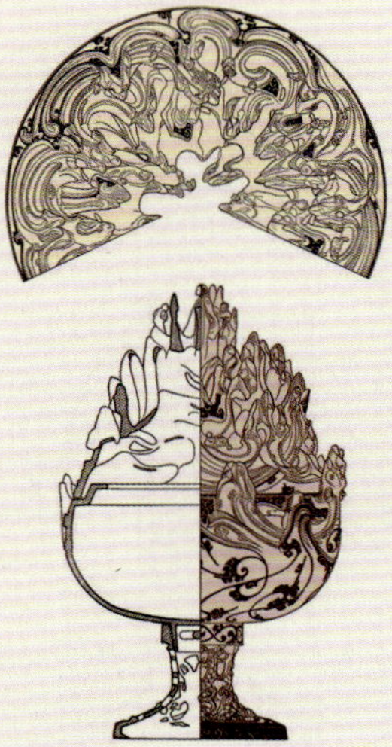

●错金博山炉线图

●错金博山炉

●鎏金银蟠龙纹铜壶

●长信宫灯

吉林集安高句丽王城、王陵及贵族墓葬

地址：吉林省集安市境内以及辽宁省桓仁县境内
年代：高句丽早中期（公元 1—5 世纪）
发掘时间：1930 年
主要出土文物：好太王碑

公元前 37 年，高句丽以纥升骨城（今辽宁省桓仁县境内）为首都建国，不久后迁都国内城（今吉林省集安市市区内），此后，高句丽一直处于中原王朝的藩属体制之下，直至公元 668 年被唐朝灭国。在这段时间里，位于桓仁和集安的高句丽王城见证了高句丽王朝诞生和发展的早期，是已经消失的高句丽文明的特殊见证。

遗址包括三座王城、四十座王陵和贵族墓葬。三座王城中，五女山城依山而建，国内城和丸都山城则建于平原之上，形成了闻名海内外的“洞沟古墓群”。王陵和贵族墓葬分布于丸都山城中，采用罕见的阶梯金字塔造型并装饰有壁画，共同体现了中华文明对高句丽文化的影响。

●洞沟古墓群

● 高句丽王朝好太王碑墨拓本

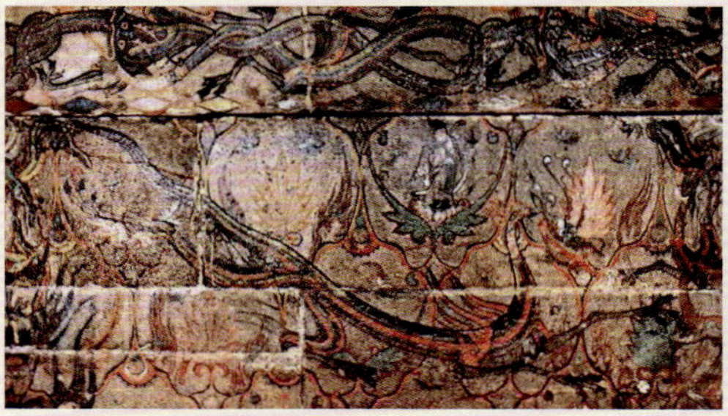

● 五盔坟五号墓墓室东壁（青龙）

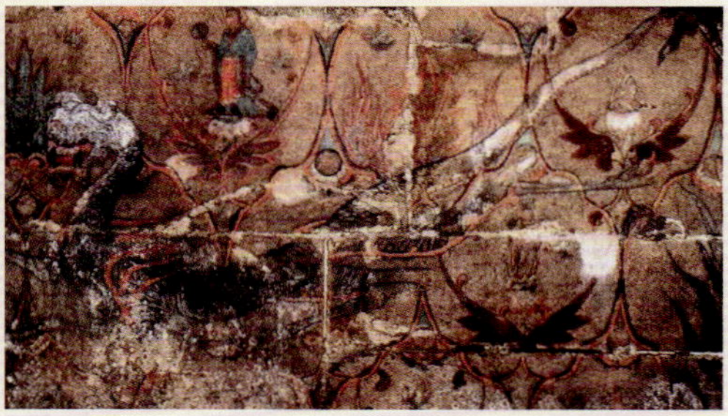

● 五盔坟五号墓墓室西壁（白虎）

● 五盔坟五号墓墓室南壁（朱雀）

● 五盔坟五号墓墓室北壁（玄武）

江苏徐州汉楚王墓群

地址：江苏省徐州市

年代：西汉时期

发掘时间：1980年

主要出土文物：金缕玉衣、汉兵马俑

徐州自古为九州之一，秦朝于此设立彭城县，汉高祖刘邦于此起兵，西楚霸王项羽以此为都城称王。汉朝建立后实行分封制，将徐州作为楚国首都，前后相传十二代楚王。千年之后，这些楚王早已化作尘土，但他们的地下“王宫”依然藏于山中。徐州汉楚王墓群包括西汉时期分封在徐州的楚王及其王后的墓葬，是我国汉代诸侯王陵中保存最完整、序列最清晰的一个系列。自1980年正式发掘第一座墓葬以来，已累计发现十八座墓葬，出土漆器、陶器、瓷器、玉器、竹木器等文物上万件，尤其以玉器、画像石和陶器最为精美。这些王陵时间序列明确、自成体系，同时，大部分墓葬属于崖洞墓，反映了西汉初期的墓葬制度和建筑技术。

●徐州龟山汉墓

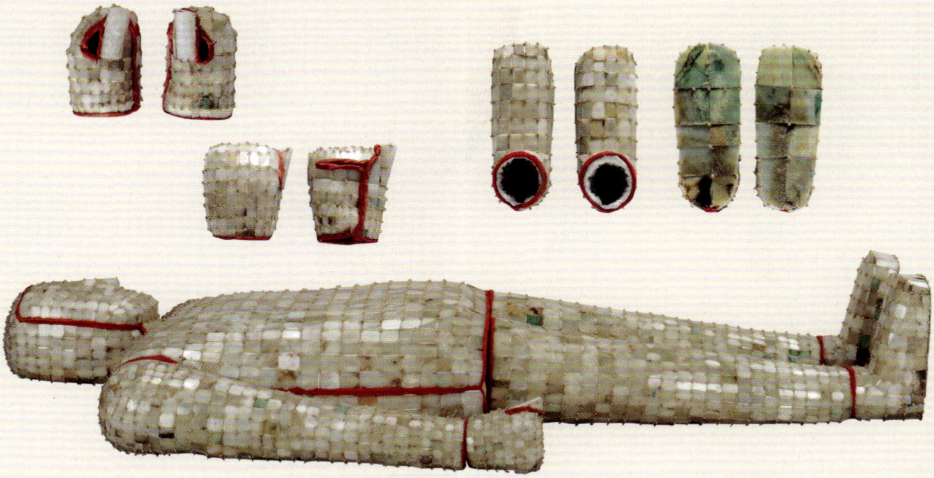

●西汉金缕玉衣

江西西汉海昏侯墓

秦汉时期

地址：江西省南昌市新建区大塘坪乡观西村

年代：西汉中期

发掘时间：2011 年

主要出土文物：简牍、孔子衣镜、玉舞人等

海昏侯刘贺创造了中国历史上在位时间最短的帝王之一的历史记录，他的陵墓也创造了无数个“第一”：长江以南地区首次发现的大型车马陪葬坑，迄今我国最早的孔子像、我国古代最早的中药炮制品实物……

●马蹄金

●“大刘记印”玉印

●金饼

●玉舞人

●海昏侯墓考古现场

●青铜雁鱼灯发掘现场

●青铜雁鱼灯

海昏侯墓是目前中国考古发掘的面积最大、保存最好、内涵最丰富、出土文物最多的汉代列侯墓葬，10余年来的考古发掘中，已发现紫金城城址、历代海昏侯墓园以及以贵族和平民墓地为核心的海昏侯国一系列重要遗存，出土一万余件（套）文物，再现了西汉时期高等级贵族的奢华生活。

●海昏侯墓出土的铜钱

●银雀山汉墓竹简博物馆

山东临沂银雀山汉墓

秦汉时期

地址：山东省临沂市银雀山西南麓

年代：西汉早期

发掘时间：1972 年

主要出土文物：银雀山汉简

银雀山汉墓包括两座西汉时期的大墓。经考古发掘，1 号墓中出土竹简四千九百四十二枚，内容包括《孙子兵法》《孙膑兵法》《六韬》《尉缭子》《守法守令十三篇》等十余部先秦典籍；2 号墓中出土竹简三十二枚，内容为《汉武帝元光元年历谱》。两座墓中还出土了陶器、漆器、青铜器、钱币等文物百余件。《孙子兵法》与失传已久的《孙膑兵法》同时出土，解开了自唐宋以来孙武和孙膑“其人有无、其书真伪”的千古之谜，掀起了以《孙子兵法》为代表的古代兵学研究热潮。《汉武帝元光元年历谱》则是迄今发现的我国最早、最完整的古代历谱。竹简文字以古隶写就，反映了西汉时期字体由小篆向隶书过渡的过程，对研究汉字演变与书法艺术具有重要价值。

●银雀山汉简

湖北云梦睡虎地秦墓

秦汉时期

地址：湖北省云梦县
年代：秦汉时期
发掘时间：1975 年
主要出土文物：睡虎地秦简、彩绘凤形漆勺

云梦古称云梦泽，春秋战国时期这里是一处浩瀚的湖泊群落，相传是先秦时期楚王的狩猎区。秦国吞并六国后，派遣官吏“喜”至云梦任职，“喜”去世时未挑选任何其他陪葬品，而将自己一生中接触的法律笔记放入墓中。1975 年，考古学家在睡虎地发现十二座战国晚期至秦代的墓葬，在第 11 号墓中，千余片竹简有序摆放在墓主人“喜”的周围，这些竹简即为“睡虎地秦简”，又称“云梦秦简”。睡虎地秦简是我国考古史上首次发现的秦简，包括一千一百五十五枚竹简和八十枚残片，内容涉及农业、仓库、货币、贸易、徭役、置吏、军爵、手工业等方面，几乎完整记录了从秦国到秦王朝的所有法律条文，让我们得以窥见秦汉之际的政治、法律、文化和社会生活，感受跨越千年的震撼。

●睡虎地秦简

●彩绘变形凤鸟纹漆卮

●彩绘凤鸟纹漆圆奁

●彩绘凤形漆勺

湖南里耶古城遗址

地址：湖南省湘西土家族苗族自治州龙山县里耶镇

年代：战国至秦代

发掘时间：2002 年

主要出土文物：里耶秦简

里耶古城始建于战国时期的楚国，曾是秦楚争霸的战略要冲，后被秦国攻占，成为秦王朝政权建立后洞庭郡的治所和屯兵重镇，是中原地区面向西南的桥头堡。秦朝末年，里耶古城毁于战乱，直到 2022 年，考古学家在一口古井中发现了三万八千余枚简牍，重现了秦朝治理地方的情景。

里耶秦简属于官署档案，时间跨度从秦统一六国的前一年到秦灭亡的前一年，其数量远远超出过去考古发现的秦简的总和。秦简全景式地展现了秦代对户籍、土地开垦、物产、赋税、徭役、奴隶、仓储、津渡、邮驿、军备、司法、刑徒、祭祀、日常事务等地方事务的管理，真实呈现出秦代政治、经济各方面的制度和当时的社会风貌，从根本上改变了秦代学术史的面貌。

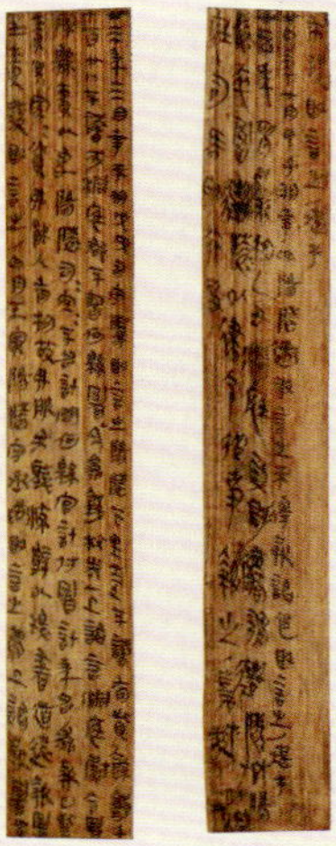

● “追讨欠款案”简

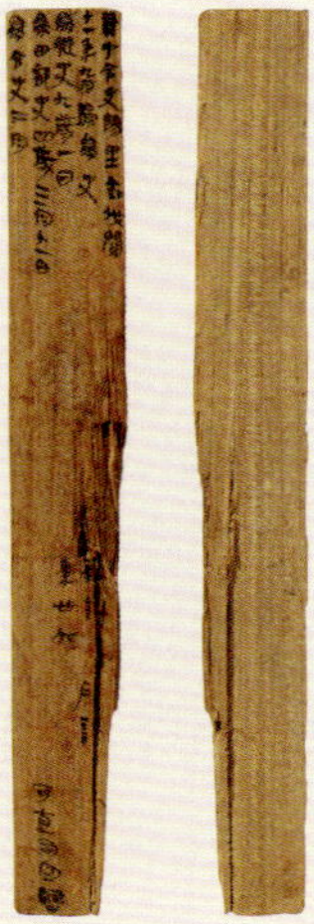

● “官员功劳与履历”简

● 里耶古城遗址

湖南长沙马王堆汉墓

秦汉时期

地址：湖南省长沙市东郊马王堆
年代：西汉早期
发掘时间：1972 年
主要出土文物：T 形帛画、素纱襌衣、朱地彩绘棺等

长沙国是西汉时期湖南地区的第一个诸侯封国，西汉初期的长沙国丞相利苍及其妻子辛追、儿子利豨去世后被埋葬于马王堆，这是湖南地区迄今保存最为完整的汉代王侯墓群。50 余年的发掘过程中，马王堆汉墓已出土完整文物三千余件和纺织品两万余件，其中如帛书、帛画、地图、纺织品、乐器、农产品、草药、肉食品和女尸等，在我国考古发掘中都是第一次发现。马王堆汉墓的文物从饮食、音乐、服饰、医药养生等角度全方位地展示了一个贵族之家的日常生活，折射出西汉初期贵族的生活方式与精神世界，并形成一门以马王堆汉墓文物为主要研究内容的综合性学科——“马王堆学”。

● 墓坑挖掘现场

● 朱地彩绘棺

●Ⅰ号墓T形帛画

●曲裾素纱禅衣

●直裾素纱禅衣

广东广州南越国宫署遗址及南越王墓

秦汉时期

地址：广东省广州市老城区中心及越秀区象岗山
年代：西汉中期、五代十国时期
发掘时间：20 世纪 70 年代以来
主要出土文物："文帝行玺"龙钮金印、丝缕玉衣、透雕龙凤重环玉佩等

南越国是秦末至西汉时期位于中国岭南地区的一个政权。秦朝末年，南海郡尉赵佗趁中原大乱建立南越国。汉朝建立初期，南越国成为汉朝藩属国，后被汉武帝灭国。直至五代十国后期，南越北部逐渐独立。南越国宫署遗址包括都城王宫核心区和秦统一岭南以来历代地方官署所在地，见证了西汉南越国和五代十国时期南汉国的兴起与灭亡。

西汉南越王墓是南越国第二代王赵眜之墓，也是迄今岭南地区发现的规模最大、随葬物最丰富、唯一饰有彩绘的石室墓。墓中出土一千多件（套）文物，其中，"文帝行玺"金印是目前所见西汉最大金印，也是发现最早的以龙为钮的帝王玺印，极有可能是南越国传国之印。

南越王博物院内南越王墓遗迹

广州南越王博物院王墓展区

●透雕龙凤纹重环玉佩

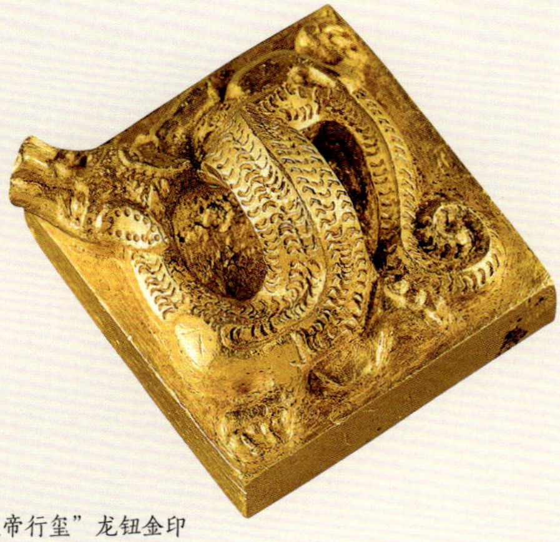

●“文帝行玺”龙钮金印

●“掌要局”铭文白釉瓷碗

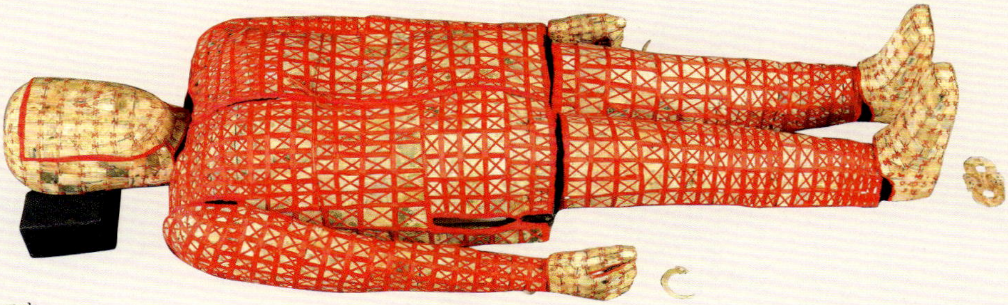

●丝缕玉衣

广西合浦汉墓群

秦汉时期

地址：广西壮族自治区合浦县廉州镇

年代：西汉早期至六朝时期

发掘时间：20 世纪 70 年代以来

主要出土文物：东汉铜提梁壶、羽纹铜凤灯

合浦是汉代海上丝绸之路的重要港口。2 000余年前，商人们将陶瓷、布匹、蜀锦等商品装上船，从北部湾的港口出发，远航到印度，再转运至埃及、罗马等地，开启了古代中国与海外的交流。这些商人、官吏和贵族们去世后埋葬于此，由此形成合浦汉墓群，是国内保存较好、规模宏大的汉代墓葬群。发掘至今，合浦已发掘墓葬一千余座，墓葬年代从西汉早期到六朝时期，以汉墓居多。墓中出土文物一万多件（套），包括大量舶来品文物及带有海外特色的器物，重要文物有铜凤灯、波斯陶壶、罗马玻璃碗等。合浦汉墓的发掘印证了《汉书》等史籍关于汉代经海路对外交往贸易的记载，也反映出合浦在汉代对外关系中的重要地位。

合浦汉代文化博物馆

玻璃碗

羽纹铜凤灯

云南晋宁石寨山古墓群

秦汉时期

地址：云南省昆明市晋宁区上蒜镇石寨村

年代：战国至东汉初年

发掘时间：1955 年

主要出土文物：滇王之印、四牛鎏金骑士铜贮贝器

滇国是中国古代西南边疆的一个以云南为中心的地方政权。战国时期，滇国还是一处相对独立的割据政权。公元前 109 年，汉朝于此设置益州郡，“赐滇王王印，复长其民”，滇国由此纳入汉朝版图。但直到 20 世纪 50 年代，石寨山古墓群的发掘才证实了这一古国的真实存在。

石寨山古墓群是战国至汉代滇王及其家族臣仆的墓地。20 世纪 50 年代以来的五次正式发掘已清理出八十七座古墓葬，出土五千余件（套）各类器物。古墓中出土的青铜器构思奇异神秘、造型野性十足，具有地方民族特色，“滇王之印”则与司马迁《史记·西南夷列传》的记载相印证，展现了古滇国辉煌的青铜文化、多样的生活场景，以及云南与中原地区的文化交流。

●石寨山古墓群

●鼓形贮贝器

●四牛鎏金骑士铜贮贝器

●滇王之印

陕西汉长安城遗址

秦汉时期

地址：陕西省西安市未央区

年代：西汉

发掘时间：1956 年

主要出土文物：汉代瓦当、骨签

●汉长安城城墙东南角遗址

●大明宫遗址公园丹凤门

长安城是西汉时期的政治、经济和文化中心，与西方的罗马并称为当时世界上最文明昌盛的国际都会。长安城遗址见证了汉高祖的兴起、汉武帝的极盛，也经历了哀帝、平帝时期的衰落，一代将星韩信陨落于此，张骞出使西域启程于此，昭君去往漠北动身于此。经过 60 余年的考古发掘，汉长安城遗址逐渐显露出汉朝的辉煌气象：它规模宏大、街道井然，达到了古代城市规划、建设的新高度；石渠阁、天禄阁是当时文化创新的中心，代表着汉朝高度发达的文化艺术成就；铸铁、铸钱作坊以及武库出土的铜、铁兵器代表冶金技术的最高水平；玉牒、骨签、木简、封泥和陶瓦戳印等文字资料则成为历史文献的重要补充。

●四神瓦当（青龙、白虎、朱雀、玄武）

陕西秦咸阳城遗址

秦汉时期

地址：陕西省咸阳市渭城区
年代：秦代
发掘时间：1959 年
主要出土文物：青铜鼎、玉具铜剑、龙纹空心砖等

秦咸阳城始建于秦孝公十二年（公元前 350 年），废毁于秦二世三年（前 207 年），使用时间共 144 年。作为中国历史上第一个统一、专制的封建王朝的政治、经济、军事和文化中心，秦咸阳城遗址是秦帝国巅峰的见证。后世记载，咸阳城“据天下之雄图，都六合之上游，摄制四海，运于掌握之内”“覆压三百余里，隔离天日”“四方辐辏、并至而会”，是秦王朝统治天下的核心。广义的秦咸阳城包含南北城区、多处公王陵及数千座墓葬组成的陵墓区、上林苑为主的园囿区等部分，涉及范围横跨渭河南、北，并建有多座柱梁木桥。目前已出土陶器、铜器、铁器、玉器、石器、骨器、料器、货币、铜锭、金属构件、壁画残片等五万九千余件文物，是中华文明曾经高度发达并对世界文明与进步产生过巨大影响的历史见证。

● 陕西秦咸阳城遗址

● 龙纹空心砖

● 玉具铜剑

陕西秦始皇陵

地址：陕西省西安市临潼区骊山北麓

年代：秦代

发掘时间：兵马俑祭祀坑于1974年发掘；秦始皇陵暂未发掘

主要出土文物：兵马俑、铜马车

秦始皇陵是中国历史上第一位皇帝——嬴政的安息之地，它始建于秦王政元年（前246年），至秦二世二年（前208年）竣工，历经39载，首创了中央集权体制下的帝陵陵寝制度。据史料记载，帝陵中建有各式宫殿，陈列着无数奇珍异宝。从外观看，秦始皇陵规模宏大，内外两重夯土城垣犹如帝都咸阳的缩影，彰显着皇权的至高无上。陵冢高耸，呈覆斗形，宛如一座巍峨的山岳，诉说着千古帝王的辉煌与沧桑。从内部构成而言，目前已探明秦始皇帝陵园的基本结构和遗存分布，发现了以墓室、墓上建筑为核心，由数量众多规模庞大的陪葬坑、陪葬墓等陵寝建筑和墙垣、道路、门观、陵邑等共同构成的丧葬遗存体系，为秦始皇帝陵的丧葬体系、中国古代陵墓制度及秦代社会、文化、经济、军事、科技等研究提供了丰富的资料。

• 兵马俑群

• 秦始皇陵航拍

战士牵马俑

1号坑秦高级军吏俑

1号铜马车（立车）

新疆民丰尼雅遗址

秦汉时期

地址：新疆维吾尔自治区和田地区民丰县

年代：汉代

发掘时间：1959 年

主要出土文物："五星出东方利中国"锦护膊、佉卢文文书

塔克拉玛干沙漠是中国第一大沙漠，被瑞典探险家斯文·赫定称为"死亡之海"，但在 2 000 余年前，此处却聚集了众多古老文明，汉代的"精绝国"就是其中之一。尼雅遗址是塔克拉玛干沙漠南缘现存规模最大的聚落遗址群，系汉代"精绝国"故地。自 1901 年被斯坦因发现以来，此处已发现大量房屋建筑、墓葬、水利设施、城址等遗迹，并出土了佉卢文文书、汉文文书、雕刻精美的建筑构件、钱币和丝绸等珍贵文物。从"五星出东方利中国"的织锦护膊，到"王侯合婚千秋万岁宜子孙"的锦衾，再到各式各样的丝织品和精美绝伦的小包包，这些文物不仅展示了古代丝织技术的高超水平，更揭示了"精绝国"与东西方文化的紧密联系，让我们得以窥见那个遥远时代的风貌与风情。

"五星出东方利中国"锦护膊出土现场

尼雅遗址

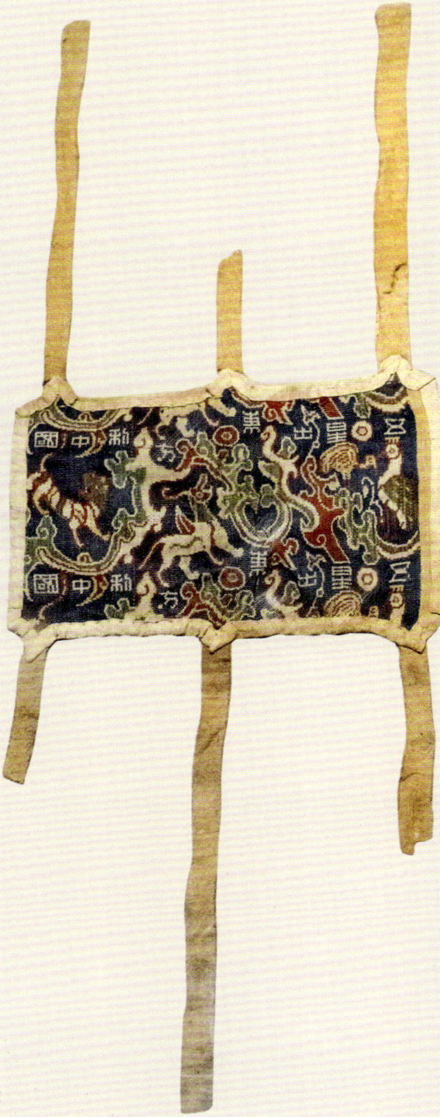

●“五星出东方利中国”锦护膊

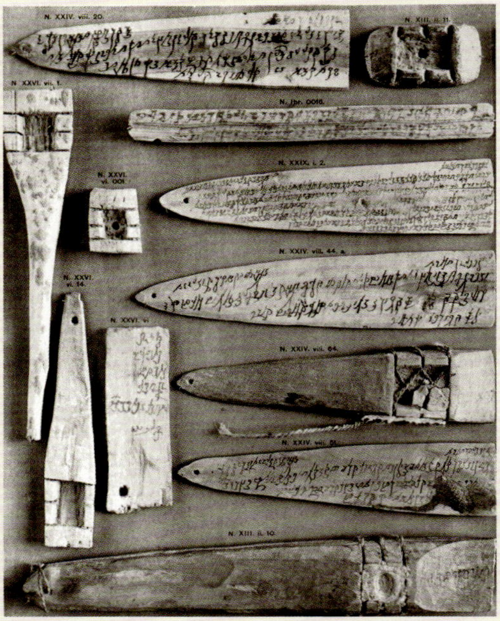

●被斯坦因带走的佉卢文木牍

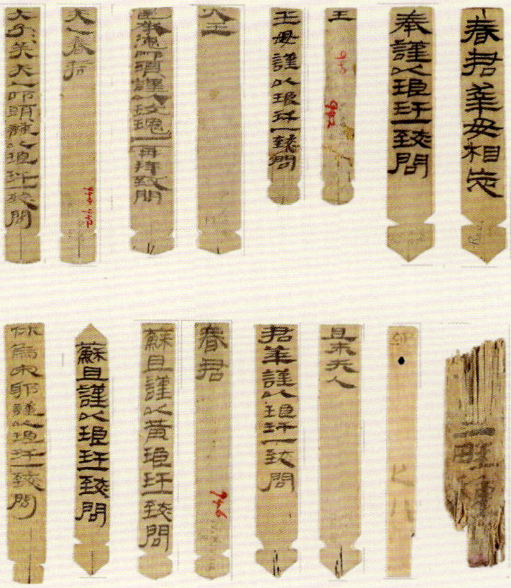

●尼雅遗址 N14 出土的汉简，上有“大王”“王”等字样

河北临漳邺城遗址及磁县北朝墓群

地址：河北省临漳县及磁县
年代：东汉末期至南北朝
发掘时间：20 世纪 50 年代
主要出土文物：北吴庄佛造像

邺城始建于东汉末年，三国至北朝时期先后为曹魏、后赵、冉魏、前燕、东魏和北齐六朝国都，被誉为“三国故地、六朝古都”。在 400 余年的时间里，邺城是黄河流域政治、经济、军事、文化中心。东魏元氏皇宗陵、北齐高氏皇宗陵及相关勋贵大臣埋葬于此，“铜雀春深锁二乔”的典故来源于此，佛教造像的宗教信仰兴盛于此。邺城遗址包括邺北城、邺南城和外郭城区，邺北城是迄今为止发现的中国历史上第一座单一宫城制度的都城，以东西向的中轴线划分南北两区，南区主要为平民居住区，北区中央为单一宫城，东为官署及王公贵族居住地，西为皇家园林。随后建立的邺南城沿袭了这一布局形式。

● 佛头像

● 北齐覆钵塔

● 菩萨坐像

黑龙江渤海国上京龙泉府遗址

三国至隋唐时期

地址：黑龙江省牡丹江市宁安渤海镇

年代：唐代

发掘时间：20 世纪 30 年代以来

主要出土文物：舍利函、石灯幢、天门军之印

● 天门军之印

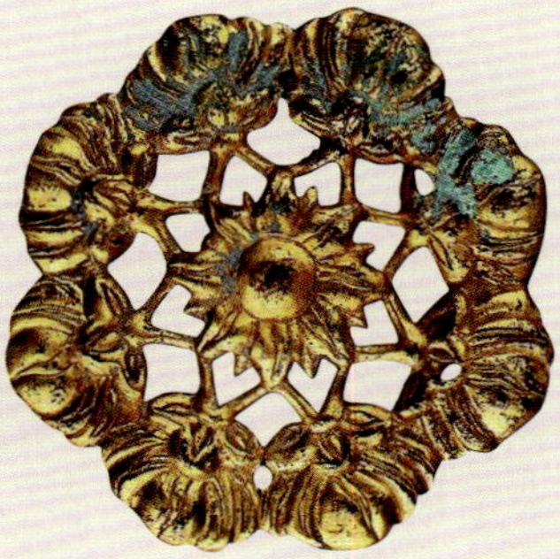

● 鎏金饰件

● 舍利函

渤海国是隋唐时期我国东北地区以靺鞨族为主体建立的地方少数民族政权。在全盛时期，其疆域北至黑龙江中下游两岸，鞑靼海峡沿岸及库页岛，东至日本海，西至吉林与内蒙古交界的白城、大安附近，南至朝鲜咸兴附近，是东北地区的强国。上京城是渤海国最重要的都城，也是渤海历时最久的都城，经历了“海东盛国”渤海国的盛衰荣辱，见证了肃慎族系、靺鞨民族融入中华民族的历史进程，是中华民族多元一体的历史见证。在唐宋都城尽被现代城市覆盖的情况下，渤海上京城成为中国当前保存最完整、城内外遗迹保存最完好的中世纪都城遗址。上京城整体仿长安城而建，城池略呈长方形，分为外城、内城和宫城三部分，遗址内分布着石灯塔、兴隆寺、八宝琉璃井等遗迹，反映了渤海国的信仰与文化。

● 宫城北门遗址全景

河南汉魏洛阳城遗址

地址：河南省洛阳市洛龙区城东
年代：西周至唐代
发掘时间：1962 年
主要出土文物：永宁寺遗址出土泥塑佛像、正始石经、熹平石经

汉魏洛阳故城始建于西周，经过了东周、秦、西汉、东汉、曹魏、西晋、北魏、北周、隋、唐等朝代的修缮与使用，至唐初废弃，沿用长达 1 600 余年，曾是东周、东汉、曹魏、西晋、北魏等王朝的都城，西周、西汉、后赵、北齐、北周等朝代的陪都，建都史近 600 年，是历代定都时间最长的遗址。

汉魏洛阳城遗址航拍

由于经历了多个朝代的修建和增扩，洛阳城城市形制的每一次变化都融合了多元文化的文明与文化特征，这一融合贯穿东汉至北魏历代中原王朝的文明文化交流和变迁的全过程，见证了北魏时期游牧民族与农耕民族大融合所促生的独特城市文化。遗址内遗存主要包括东汉至北魏时期的宫城、道路、水系、建筑遗址（包括宫殿、衙署、寺院、仓库等）和手工业遗址，对研究中国古代建筑史、城市发展史，特别是都城规划设计的演变具有重要价值。

北魏莲花化生瓦当

泥塑佛像

河南隋唐洛阳城遗址

地址：河南省洛阳市区洛河两岸

年代：隋代至唐代

发掘时间：1954 年

主要出土文物：杨国忠进奉银铤、波斯银币

“若问古今兴废事，请君只看洛阳城。”作为十三朝古都，洛阳在东汉时与长安并称“两京”，隋炀帝即位后将洛阳作为都城，改称“东都”。在隋唐时代，洛阳不仅是全国政治、经济和文化中心，还是丝绸之路的东方起点，是当时规模最大、发展最繁华的世界性大都市之一。隋唐洛阳城南宽北窄，略近方形，城内街道纵横相交，宽窄相配，形成棋盘式的城市布局，尽显王朝鼎盛时期的宏伟气魄。在形制布局、设计理念和建筑模式等方面不仅被以后中国历代都城所沿袭，也对日本和朝鲜半岛的都城设计和城市发展产生了重要的影响。

●杨国忠进奉银铤

●凤鸟纹方砖

●洛阳城国家遗址公园

陕西法门寺遗址

地址：陕西省宝鸡市扶风县法门镇

年代：唐代

发掘时间：1987 年

主要出土文物：佛骨舍利、秘色瓷、迎真身银金花双轮十二环锡杖

法门寺始建于东汉末年，至今已有 1 800 余年历史，有“关中塔庙始祖”之誉。据佛典记载，法门寺最初由印度阿育王为安置佛祖释迦牟尼指骨舍利而建立，古称“阿育王寺”，唐高祖李渊将它改名为“法门寺”，法门寺遂成为唐朝的皇家寺院。1981 年至 1987 年，考古学家先后对法门寺残塔、塔基进行清理与科学考古发掘，发现了目前世界上规模最大、等级最高的佛塔地宫。地宫总长 21.12 米，总面积达 31.48 平方米，出土了目前唯一被佛教界认定的佛祖真身指骨舍利，以及一百二十一件（组）皇室供奉的金银器、十四件秘色瓷、七百余件丝绸、二十件琉璃器等珍贵文物，展现了佛教文化、宫廷文化、异域文化的交融，为佛教考古和唐代文化研究提供了极为珍贵的实物资料。

●法门寺残塔

●法门寺塔现状

●盛放第一枚舍利的八重宝函（第一重银棱盝顶檀香木宝函已损坏）

●鎏金双鸳团花大银盆

●法门寺出土的四枚舍利

●金筐宝钿珍珠裝纯金宝函（第六重）

●合十舍利塔

陕西唐大明宫遗址

地址：陕西省西安市未央区

年代：唐代

发掘时间：1957 年

主要出土文物：含光殿“毬场”石志、鎏金铜铺首

唐大明宫初建于唐太宗贞观八年（634 年），原本作为避暑夏宫，扩建后成为唐朝皇帝的朝寝所在。大明宫是唐朝长安城的三大宫殿之一，也是我国规模最大的宫殿群，是我国古代建筑史上的巅峰之作。大明宫规模宏大、建制严谨，其平面布局呈南北长方形。据史籍记载，大明宫内的殿堂有五十余座，这里见证了唐朝的兴起和鼎盛时期，后因唐末战乱沦为废墟。迄今为止，考古队已重点发掘了麟德殿、含元殿、三清殿等殿堂遗址和重玄门、玄武门等宫门遗址。其中，麟德殿是皇帝举行宫廷宴会、乐舞表演以及会见宾客的场所，含元殿是大明宫的前朝第一正殿；还有太液池、龙首渠等皇家园林山水。大明宫遗址展现了唐朝鼎盛时期的发展水平以及唐王朝开放、包容的文化特征。

● 鎏金铜铺首

● 大明宫遗址建筑微缩景观

甘肃敦煌莫高窟

三国至隋唐时期

地址：甘肃省敦煌市东南25千米处的鸣沙山东麓崖壁上
年代：北魏至元代
发掘时间：20世纪初
主要出土文物：文书、壁画、彩塑

前秦建元二年（公元366年），乐僔和尚西游至敦煌，于山崖上见到千佛闪耀，于是便在崖壁上开凿了第一处石窟。此后，莫高窟的开窟造像兴盛起来，历经北凉、北魏、西魏、北周、隋、唐、五代、宋、西夏、元十个朝代1 000余年，最终创造出了“莫高窟”这一世界上现存规模最大、连续修建时间最长、内容最丰富的佛教艺术宝库。沉寂数百年后，1900年藏经洞的发现让莫高窟“重见天日”，震惊世界。

莫高窟九层楼

第257窟西壁中部的《九色鹿王本生》壁画

●第 220 窟（复刻品）

●跪侍菩萨

●《僧众与天神围绕的菩萨半身像》（第 320 窟南壁）

莫高窟分为南北两区，南区为古代僧侣信众礼佛的场所，现存洞窟四百九十二个、塑像两千余尊、壁画 4.5 万平方米以及木构建筑五座；北区则是僧侣修行和居住的场所，现存洞窟遗址二百四十三个；藏经洞中还发现了佛教经卷、社会文书、刺绣、绢画、法器等文物五万余件。大量的古代文献引起了国内外学者的重视，逐渐形成了以敦煌藏经洞文献、敦煌石窟本体、西北出土古代简牍和敦煌史地为研究对象的国际“显学”——敦煌学。

青海都兰热水墓群

地址：青海省海西蒙古族藏族自治州都兰县热水乡

年代：唐代

发掘时间：1982 年

主要出土文物：立凤银饰片、“外甥阿柴王之印”

公元 633 年，松赞干布结束内乱，建立了青藏高原上第一个有明确史料记载的政权，也即“吐蕃”。唐朝先后派遣文成公主、金城公主与吐蕃和亲，加强了两地在语言、医学、风俗和宗教信仰等方面的交流。1982 年，考古队在青海省热水乡境内发现墓葬群，并于 2018 年至 2020 年对 2018 血渭 1 号墓展开挖掘，证实该墓葬群为 8 世纪中期吐蕃统治时期的吐谷浑王陵，这是目前青藏高原地区发现的布局最完整、结构最清晰、形制最复杂的高等级墓葬之一。吐谷浑陵墓形制的基本特征，为研究中国古代陵墓制度提供了重要资料。墓葬中出土了金、银、铜、铁、漆木、皮革、丝织物、玉石、海螺等文物和刻有“外甥阿柴王之印”的银印章，部分遗物的形制及装饰图案具有浓郁的萨珊波斯、粟特和中亚风格，证明都兰是丝绸之路青海道上的重要节点。

2018 血渭 1 号墓室

立凤银饰片

双狮日月金牌饰

新疆吐鲁番阿斯塔那古墓群

地址：新疆维吾尔自治区吐鲁番东南约 40 千米的阿斯塔那及哈拉和卓附近

年代：3—8 世纪

发掘时间：1959 年

主要出土文物：张雄干尸、唐代仕女图、伏羲女娲绢像

高昌是以吐鲁番盆地为中心的西域古城，在东汉时被纳入中原政权管辖，唐朝灭高昌，设安西都护府统辖此处。1898 年，考古队在此发现公元 3 至 8 世纪高昌城官民的公共墓地，即阿斯塔那古墓群。1959 年以来已发掘四百余座墓葬，累计出土文书、墓志、丝织品等文物上万件，并获得大量干尸，是迄今新疆地区发掘晋唐墓葬数量和出土文物最多的遗存。墓葬分属晋至十六国（高昌郡）、麴氏高昌、唐西州三个时期，依姓氏家族分区埋葬，墓顶流行张挂伏羲女娲图。阿斯塔那古墓群的墓葬形制、聚族而葬的丧葬方式与中原一脉相承。墓主包括汉人、车师人、匈奴人、昭武九姓等人群，还有高昌郡太守沮渠封戴、高昌名将张雄、唐北庭副都护高耀等显赫人物，说明各族人群在共同开发西域的过程中形成了对中华文化的深刻认同。

●弈棋仕女图

●阿斯塔纳古墓群遗址

●彩绘天王踏鬼木俑

●唐代绢本彩绘舞伎图（吐鲁番阿斯塔纳墓张礼臣墓出土）

●唐代绢衣彩绘木俑（吐鲁番阿斯塔纳墓张礼臣墓出土）

内蒙古辽上京遗址

宋辽金元时期

地址：内蒙古自治区赤峰市巴林左旗

年代：辽代

发掘时间：1962 年

主要出土文物：辽上京南北塔、建筑构件、契丹银币

●西山坡塔基出土泥塑像

辽国又称“契丹”，于916年由辽太祖耶律阿保机所建，极盛时疆域囊括黑龙江、辽宁、吉林和内蒙古等地，与北宋形成南北朝对峙之势。辽国效仿宋朝地方制度设立五“道”，每“道”是一个政治中心，称之为“京”。在辽国五京中，辽上京是辽代始建最早、使用时间最长、最重要的首都，被誉为“东北亚草原第一都”。辽上京遗址平面略呈“日”字形，由北部的皇城和位于南部的汉城两部分组成。皇城包括宫城、寺庙、官署和作坊，宫城形成“回”字形格局，有明确的中轴线，突出“皇权至上”“择中而立”思想，汉城则是重要的经济、贸易区。辽上京开创了中国古代都城规划布局的一种新模式，其“分而治之”的城市规划理念对于金、元、清诸王朝都城的营建产生了深远影响。

●内蒙古辽上京遗址

●辽代契丹大字、小字银币

辽上京博物馆

内蒙古元上都遗址

宋辽金元时期

地址：内蒙古自治区锡林郭勒盟正蓝旗上都镇
年代：蒙元时期
发掘时间：20 世纪 90 年代以来
主要出土文物：汉白玉角柱、古叙利亚文墓顶石、琉璃瓦当

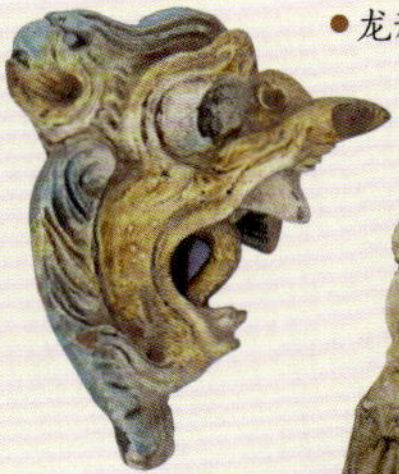

●龙形鸱吻

●汉白玉龙纹建筑构件

1206 年，一代天骄成吉思汗建立大蒙古国，随后开启了远征欧亚的步伐。元上都始建于 1256 年，初名开平府，后改名为上都。元朝建立后，元上都作为“两都巡幸制”的都城之一，始终是元朝的政治、经济、文化中心，皇帝每年农历 4 至 9 月来此驻夏，处理政事、接受外国使节和宗王贵族的朝觐、举行诈马宴。

元上都遗址面积约 250 平方千米，由城址以及城垣外的关厢和城市防洪渠组成。元上都的城址分为宫城、皇城和外城三重。长方形的宫城位于皇城正中偏北处，内有四十余处宫殿基址。方形的皇城位于外城东南部，四角建有高大的角楼。外城在皇城的西、北两面。元上都整体布局既具备中原城市的传统模式，又体现了草原游牧文化的特色，是元代都城系列中创建最早、历史最久、格局独特、保存最完好的遗址。

●内蒙古元上都遗址

黑龙江金上京会宁府遗址

宋辽金元时期

地址：黑龙江省哈尔滨市阿城区南郊

年代：金代早期

发掘时间：20 世纪初以来

主要出土文物：铜印、铜镜等

1115 年，完颜阿骨打在上京会宁府建立金朝，在相继灭辽国、北宋后，金朝于 1153 年迁都至北京。上京城是金王朝修筑和使用的第一座都城，是金代早期的政治、经济、文化中心。城址由南北相邻的北城和南城组成，皇城位于南城西北部，内部大致可分为中、西、东三个部分，中部自南向北有五重建筑基址整齐地排列在南北中轴线上，采取门址—殿址依次排列组合的布局，东西两侧有回廊基址，殿基平面呈“工”字形。

龙纹瓦当

人物故事铜镜

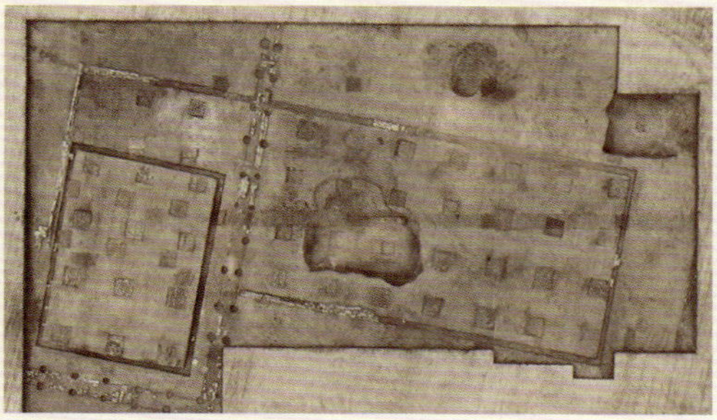

发掘区全景图

黑龙江金上京会宁府遗址

金上京城不仅是统一的金王朝政权的象征，也体现了以女真族为主体的北方渔猎民族的发展进程，兼具渔猎文明和农业文明特征。对于金上京城址的综合研究，初步揭示出宋辽金三代都城建制的联系与渊源，对于探索和认识中华统一多民族国家的形成与发展具有重要的学术价值和历史意义。

浙江杭州南宋临安城遗址及官窑遗址

宋辽金元时期

地址：浙江省杭州市主城区
年代：南宋时期
发掘时间：20 世纪 50 年代以来
主要出土文物：六方七管占景盆、南宋官窑青釉纸槌瓶

●紫城巷古代水井遗迹

●太庙遗址的南宋皇城图

1138 年，宋高宗南迁后正式定都临安府。临安城见证了南宋在经济和文化艺术上的高度繁华，被意大利旅行家马可·波罗誉为“世界上最美丽华贵的天城”。自 20 世纪 50 年代以来，经过持续考古勘探与发掘，考古工作者基本确定了南宋皇城的四至范围，并发现了同时期的官窑遗址；明确了德寿宫南、东、西宫墙范围，发现了部分南宋城墙、城门、太庙等一批重要官式建筑，南宋官窑遗址，南宋制药作坊遗址，紫城巷与劝业里的南宋供水系统遗迹，太学、宗学和府学遗址。南宋临安城在布局上开创了“南宫北市”的先河，皇宫在南，包括依自然地形而建的宫殿、亭阁和园林，民居、市集在北，中部则是行业市街和文娱区域，是全城最繁华的区域。

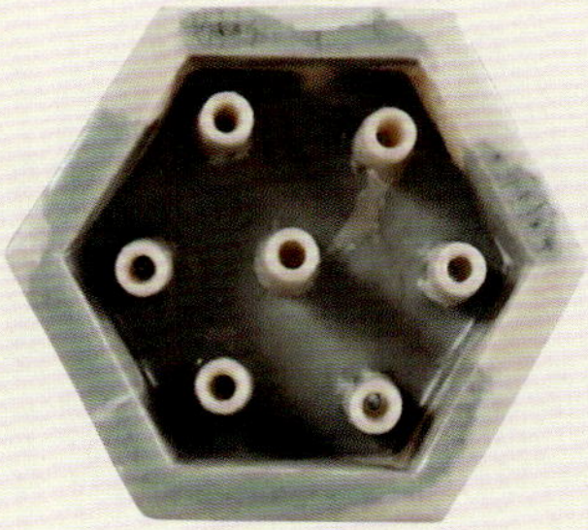

●六方七管占景盆

山东青州龙兴寺遗址

宋辽金元时期

地址：山东省潍坊市青州市城区西部
年代：南北朝至明代
发掘时间：1996 年
主要出土文物：佛教造像、陶瓷器

山东青州龙兴寺创始于南朝刘宋，历北魏、东魏时期发展，于唐宋时期达到鼎盛，最终衰落于明代洪武年间。1996 年 10 月，在遗址北部发掘出北宋末年或金朝早期佛教造像窖藏一处。清理后出土各类佛教造像六百余尊、钱币一百四十二枚和陶瓷器两件，这批造像大部分还保留着原来的彩绘和贴金，部分造像躯体或衣饰上甚至还有用各种颜色绘制的人物故事画面，其出土数量之大、雕刻之精、贴金彩绘保留之完整、时间跨度之长，前所未有。龙兴寺窖藏佛教造像的出土既具有浓郁的地方特色和独特的艺术风格，又代表了南北朝至唐宋期间佛像造型的演变历程，弥补了中国佛教考古研究中对北魏和隋唐之间，特别是东魏和北齐佛教考古研究实物资料的不足，为中国佛教考古和中国美术史研究提供了珍贵资料。

●现在的龙兴寺全景

●贴金彩绘石雕左胁侍菩萨像

●贴金彩绘石雕佛立像

●贴金彩绘石雕菩萨立像

河南许昌白沙宋墓

地址：河南省禹州市白沙镇北

年代：宋代

发掘时间：1951 年

主要出土文物：妇人启门图、墓主对坐图

白沙宋墓是北宋元符二年（1099 年）创建的赵大翁家族墓葬，共三座，是迄今发现的北宋时期流行于中原和北方地区的仿木结构砖雕壁画墓中保存最好、结构最为复杂、内容最为丰富的一处墓葬遗址。三座墓室均为平面六角形布局，1 号墓为前、后双室墓，2、3 号墓为单室墓，1 号墓前室东西壁绘制墓主夫妇对坐宴饮和散乐内容壁画。除了主要壁画，墓室内各处均被同心结线球、金银铤、箭筒、刀戟、流苏、帐幔等物件及各种建筑彩绘填满，几乎不留空壁，为研究北宋时期的社会生活和墓葬艺术提供了珍贵材料。1957 年，考古学家宿白将三座北宋砖雕壁画墓的发掘资料和研究成果编撰成《白沙宋墓》出版，多角度再现了宋代的日常生活图景，成为中国历史考古学田野报告的经典之作，在研究方法和治学理念方面影响了几代考古学者。

白沙宋墓

墓主对坐图

广东“南海Ⅰ号”沉船

地址：广东省台山、阳江交界海域
年代：南宋初期
发掘时间：1987 年
主要出土文物：德化窑青白瓷、晋江磁灶窑瓷器、金器

●南宋金项饰

●中部船舱位置散落的瓷器

●磁灶窑绿釉印花卉纹折沿菱口碟

南宋是海上丝绸之路最繁华的时代，广州是当时海上贸易的五大港口之一，港口附近的海域中留下了大量历史遗迹，其中就包括“南海Ⅰ号”沉船。“南海Ⅰ号”沉船是迄今中国水下考古最为重要的发现，亦是海上丝绸之路上非常重要的遗迹。沉船的船体结构基本较好地保存于海泥之下，船载货物非常丰富，发现时即出水大量精美瓷器和金银器等遗物。同时，“南海Ⅰ号”作为一个相对独立而又结构完整的水下遗存，在相关的文物、船体、社会关系、生态环境等诸多方面蕴藏着极其丰富的古代信息，对于开展我国古代造船技术、海外航运、对外贸易中的物质文化交流以及不同文明之间的交流碰撞研究等都有着极为重要的意义。

贵州遵义海龙屯城址及播州杨氏土司墓群

地址：贵州省遵义市

年代：唐代至明代

发掘时间：2012 年

主要出土文物：金螭龙杯盘、象钮银执壶

土司制度是古代中国在西南多民族聚居地区推行的管理少数民族地区的政治制度，留存至今的土司城寨及官署建筑遗存是中央委任、世袭管理当地族群的首领土司的行政和生活中心。贵州遵义播州杨氏土司遗存是其中一处始于唐而终于明的土司遗址。遗址在选址特征、整体布局、建筑形式等方面既展现出当地民族鲜明的文化特色，又表现出民族文化交流和国家文化认同，见证了古代中国作为统一多民族国家，对西南山地多民族聚居地区独特的“齐政修教、因俗而治”的管理智慧。杨氏土司遗存大规模的考古工作始于 2012 年，发现了播州杨氏土司司治、关囤、墓葬、庄田四套遗存体系共存的格局，出土了大量造型精美的金银器，它们是了解南宋时期的丧葬礼仪和宋代金银器制作工艺、艺术及交流的重要材料。

1957 年杨粲墓发掘

螭首金杯

金螭龙杯盘

宁夏西夏陵

宋辽金元时期

地址：宁夏回族自治区银川市西部贺兰山下
年代：西夏时期
发掘时间：1971 年
主要出土文物：石雕力士志文支座

1038 年，党项人首领李元昊建立西夏，与辽、宋三足鼎立，直至 1227 年亡于蒙古。贺兰山是西夏帝王陵寝所在地，也是留存至今规模最大、等级最高、保存最完整的西夏时期文化遗存。陵区规模宏大，蔚为壮观，在方圆 53 平方千米的范围内，依山势布列着九座帝陵和二百七十一座陪葬墓。陵园以北方黄土夯筑技术为主，建筑形制受唐宋影响并创新发展而独具一格。

● 石雕力士志文支座

西夏文化是中华民族古代文化中较为独特的一支，西夏陵是业已消失的西夏文明最有力的见证。陵区遗址及出土文物揭示了西夏王朝在社会制度、宗教信仰、丧葬习俗以及诸多文化与技术方面的特征，是西夏文明与周边政权和民族长期交流与影响的见证。西夏陵所展示的西夏文化的兼收并蓄和独特创新，体现了中华民族多元一体的进程。

● 西夏陵

北京明定陵

明清时期

地址：北京市昌平区大峪山东麓

年代：明代

发掘时间：1956 年

主要出土文物：红缂丝十二章福寿如意衮服、乌纱翼善冠、金丝蟠龙翼善冠、六龙三凤冠

万历皇帝朱翊钧是明朝第十三代皇帝，他在位 48 年，开创了“万历中兴”的局面。定陵是万历皇帝及孝端皇后王氏、孝靖皇后王氏的陵墓，位于北京十三陵区中部偏西大峪山下，始建于万历十二年（1584 年），历时 6 年建成。定陵是中国迄今唯一一座经过发掘的明代帝王陵，陵中玄宫（地下宫殿）共有五殿，中轴线上为前、中、后三殿，中室横轴线上有左、右配殿，万历皇帝和两位皇后各用木质朱漆棺、椁各一重。定陵出土文物种类多样，既有帝后生前的生活日用品，也有专为陪葬而制作的丧葬用品，代表了明代中后期精湛的工艺水平，为这一时期的政治、经济、文化、丧葬礼制、工艺等历史研究提供了珍贵的实物资料，对于研究明代陵寝制度和工艺美术史具有重要的意义。

● 定陵博物馆

●九龙九凤冠

●金丝蟠龙翼善冠

●乌纱翼善冠（复制品）

●红缂丝十二章福寿如意衮服（复制品）

江西景德镇御窑厂窑址

明清时期

地址：江西省景德镇市珠山区
年代：明清时期
发掘时间：1982 年
主要出土文物：永乐宣德大盘、明代板瓦、明成化素三彩鸭形香薰

景德镇明清御窑厂遗址是明清时期专为宫廷烧造瓷器的皇家瓷厂遗址，是我国烧造时间最长、规模最大、工艺最为精湛的明清官办窑厂，在中国瓷器发展史上具有极为重要的地位。御窑厂集中了最优秀的工匠，使用当地最优质的原料和进口的原料，生产不计成本，代表了明清瓷器制造的最高水平。明清时期几乎所有的创新技术都发生在御窑厂，最精美的器物也大多是官窑瓷器。

●明成化素三彩鸭形香薰

20 世纪 80 年代起，御窑厂遗址内发现了丰富的遗迹和遗物，出土明清时期瓷片数十吨，近一千万片，完整、连续的明代各朝遗物揭示了御窑厂自明初设立至明末废弃、清代复建至民国的发展序列，为研究御窑厂的生产布局与功能分区、产品种类与特征、工艺发展与创新、生产管理体制等问题提供了重要的资料，推进了明清官窑瓷器和朝贡贸易的研究。

●江西景德镇御窑厂窑址考古现场

●景德镇御窑厂遗址

四川江口明末战场遗址

明清时期

地址：四川省眉山市彭山区江口镇岷江河道内

年代：明代末期

发掘时间：2017 年

主要出土文物：西王赏功币、金银锭、“永昌大元帅印”

●江口镇石龙沟内的民国题刻

●西王赏功币

1646 年，明末农民起义首领张献忠率部从成都出发，沿岷江南下转移，行至彭山江口河段时被明将杨展袭击，船只被焚，大量财物沉于江底。此后，关于张献忠“江口沉银”的传说便长盛不衰。但直到 2005 年被发现、2017 年进行首次考古发掘，这一传说才被证实。江口明末战场遗址出水了迄今数量最多的明代金银文物和大西政权文物，三期考古发掘出水文物数万余件，并且首次发现了张献忠册封妃嫔所用金册和明代藩王世子所用金印，以及“永昌大元帅印”。这批文物来源地域广泛，内涵非常丰富，涉及明代社会的政治、经济、历史、文化和军事等多个方面，是考古资料对明代社会最为全面的一次反映，对研究明末清初的历史格局具有重要意义。

●蜀世子宝金印

●“永昌大元帅印”

这一次，我们是见证者也是亲历者！